사랑하는 _____ 님

하나님의 은혜로 회복되는
당신을 사랑합니다.

_____ 드림

존 비비어의 관계를 위한 묵상

THE BAIT OF SATAN

by John Bevere Published by Charisma House
Copyright ⓒ 1994, 1997 by John Bevere
All rights reserved, Including Translation
Korean edition copyright ⓒ 2024 by Touchbooks Publishers

이 책의 저작권은 터치북스에 있습니다.
저작권법에 의하여 한국 내에서 보호를 받는 저작물이므로
무단전재와 무단복제를 금합니다.

깨어진 관계를 회복하는 하나님과 함께하는 시간

존 비비어의
관계를 위한
묵상

존 비비어

John Bevere

터치북스

 서문

　　우리는 성장하면서 미숙함 때문에 실수하기도 하고 예상치 않은 사건이나 사고, 오해 때문에 원치 않는 상처를 받기도 한다. 이런 일들이 삶에서 일어나지 않으면 좋겠지만, 우리는 성화의 과정에 있기 때문에 시행착오 속에서 직접 배우며 성장할 수밖에 없다. 이러한 과정이 괴롭고 슬프고 견디기 힘들 때가 많지만 겸손하게 인내하다 보면 성장의 기쁨을 느끼게 된다. 그러나 혼자 힘으로 이런 힘든 과정을 견디기란 쉽지 않다. 이렇게 힘들 때야말로 우리에게 하나님의 도움이 절실히 필요한 때다. 우리의 힘으로 견디기 어려울 때 하나님께 솔직히 고백하면, 하나님은 언제나 따뜻한 위로와 지혜로 우리의 짐을 덜어주신다. 그리고 상처로 인해 우리가 본의 아니게 지었던 죄와 분노를 용서해주시고 완전한 관계의 회복으로 이끌어가신다. 여러분이 과거에 상처받은 적이 있다면, 또는 지금도 상처로 인한 부정적인 감정이 남아 있다면 이 묵상집이 도움을 줄 것이다.

　　이 묵상집은 수년 전에 내가 쓴 《관계》의 내용을 발췌하고 보완하여, 우리가 상처를 바라보는 시각과 태도를 주님이 바라시는 모습으로 변화시키고자 쓴 것이다. 여기에는 성경말씀과 질문들을 통해 새로운 통찰을 얻고 마음의 치유와 회복을 이룰 수 있도록 돕는 적용이 포함되어 있다. 이 묵상집은 상처를 받게 되는 원인부터 과정, 그 후의 결과와 회복을 위한 방법까지 순차적으로 묵상하면서 부정적인 감정의 찌꺼기를 털어버리고 정리할 수 있도록 구성되었다.

나는 여러분이 이 묵상집을 읽으며 하나님이 주시는 감동에 따라 말씀을 묵상하고 더 깊이 기도하기를 바란다. 그리고 하나님의 사랑을 더 깊이, 더 자주 경험하여 하나님의 사랑을 자연스럽게 삶에서 실천할 수 있기를 바란다. 하나님은 상처받고 깨어진 영혼들과의 관계를 회복하기를 원하신다. 당신이 하나님의 사랑의 통로가 되어 사람들의 상처가 치유되고 하나님과의 관계가 회복되는 놀라운 일이 일어나기를 진심으로 바란다. 하나님의 은혜의 축복이 당신과 함께하기를 기도한다.

John Bevere

C·o·n·t·e·n·t·s

서문 _4

1부 • 우리는 어떻게 상처받는가?

Day 1_ 사탄의 덫, 상처 _12

Day 2_ 자존심이 만든 상처 _18

Day 3_ 상처받은 것을 부인하면 상처는 더 깊어진다 _24

Day 4_ 뜨거운 풀무불은 불순물을 제거해준다 _30

Day 5_ 가까운 사람에 대한 기대 _36

∷ 상한 마음이 말하는 것 _42

Day 6_ 부당한 대우로 인한 상처 _44

Day 7_ 리더에게 상처받았을 때 _50

Day 8_ 가정의 시험은 성숙을 위한 훈련 _56

Day 9_ 교회에서 상처받았을 때 _62

Day 10_ 자만심을 극복하기 _68

∷ 영적 우울증 _74

2부 • 상처를 해결하는 하나님의 지혜

Day 11_ 또 다른 상처를 만들지 않기 위해 _78

Day 12_ 견고한 진을 파하라 _84

Day 13_ 신실한 하나님의 사람도 연단받는다 _90

Day 14_ 어떻게 원수를 갚을 것인가? _96

Day 15_ 언제까지 억울해할 것인가? _102

:: 당신은 용서를 빨리 하는가? _108

Day 16_ 기대로 인해 실족하지 않는 방법 _110

Day 17_ 모든 사람을 만족시키는 방법 _116

Day 18_ 비판적인 시각에서 자유롭게 되기 _122

Day 19_ 상처입은 사람에게 용서를 구하는 법 _128

Day 20_ 용서한 후 어떻게 해야 할까? _134

:: 하나님의 사랑 _140

3부 • 관계의 회복과 자유

Day 21_ 속박의 자유와 성품의 변화 _144

Day 22_ 화평하게 하는 자 _150

Day 23_ 관계를 보호하는 예수님의 방법 _156

Day 24_ 아픔과 함께 자라나는 성장 _162

Day 25_ 고난과 도전은 성숙을 위한 훈련이다 _168

∷ 하나님이 고통을 허락하시는 이유 _174

Day 26_ 길안내자의 음성에 귀기울여라 _176

Day 27_ 배려와 섬김을 실천하는 방법 _182

Day 28_ 순종과 믿음과 사랑의 관계 _188

Day 29_ 새로운 나의 정체성, 하나님의 자녀 _194

Day 30_ 완전한 관계의 회복 _200

∷ 포기를 통해 계시하시는 비밀 _206

하나님의 일을 하기 원하는 사람은
그분과의 교제를 통해 지혜와 능력을 얻어야 한다.

*앤드류 머레이

1부

우리는 어떻게 상처받는가?

Day 1 _ 사탄의 덫, 상처
Day 2 _ 자존심이 만든 상처
Day 3 _ 상처받은 것을 부인하면 상처는 더 깊어진다
Day 4 _ 뜨거운 풀무불은 불순물을 제거해준다
Day 5 _ 가까운 사람에 대한 기대
Day 6 _ 부당한 대우로 인한 상처
Day 7 _ 리더에게 상처받았을 때
Day 8 _ 가정의 시험은 성숙을 위한 훈련
Day 9 _ 교회에서 상처받았을 때
Day 10 _ 자만심을 극복하기

Day 1_

사탄의 덫, 상처

주의 종은 마땅히 다투지 아니하고

모든 사람에 대하여 온유하며

가르치기를 잘하며 참으며

거역하는 자를 온유함으로 훈계할지니

혹 하나님이 그들에게 회개함을 주사

진리를 알게 하실까 하며

그들로 깨어 마귀의 올무에서 벗어나

하나님께 사로잡힌 바 되어

그 뜻을 따르게 하실까 함이라.

_디모데후서 2:24-26

And the Lord's servant must not quarrel; instead, he must be kind to everyone, able to teach, not resentful. Those who oppose him he must gently instruct, in the hope that God will grant them repentance leading them to a knowledge of the truth, and that they will come to their senses and escape from the trap of the devil, who has taken them captive to do his will. _2 Timothy 2:24-26

덫을 놓아 동물을 잡아본 적이 있는가?

덫이 제구실을 하려면 두 가지 요건을 갖춰야 한다. 첫째는 동물이 다니는 길목에 설치해야 하고, 둘째는 먹음직스러운 미끼를 달아야 한다. 사탄은 이 두 가지 요건을 교묘히 결합하여 우리를 현혹시키는 치명적인 덫을 놓는다. 사탄은 우리가 생각하는 것만큼 노골적으로 다가오는 것이 아니다. 우리가 알아채지 못하도록 빈틈없이 간계를 꾸민다.

사탄이 즐겨 쓰는 미끼 중에서도 가장 많이 쓰는 미끼는 바로 '상처'다. 그리스도인이라면 누구나 '상처받았다'는 말을 들어본 적이 있을 것이다. 그 미끼가 보일 때 우리가 쉽게 동요되어 감정적으로 받아들이면, 그때 상처를 받게 된다.

대개 상처받은 사람들은 정신적 괴로움과 상처에 지나치게 몰두한 나머지, 하나님이 뜻하신 대로 살지 못하고 하나님의 부르심을 듣지 못한다. 그리고 고통과 미움에 마음을 빼앗겨 자신의 무한

한 잠재력을 충분히 발휘하지 못한다. 상처받은 사람들은 쓰디쓴 열매를 무수히 얻게 되는데, 그것도 사탄이 가장 좋아하는 방식으로 얻게 된다.

왜 사탄은 상처를 사용해서 우리를 넘어뜨리려고 할까? 도대체 상처가 무엇이길래 한번 받게 되면 그토록 오랫동안 고통을 겪게 되는 것일까? 그것은 우리의 마음이 연약하기 때문이다. 이 연약한 부분이 타격을 받게 되면 우리는 분노와 두려움, 또는 좌절감을 느끼며 상처받았다고 생각한다. 그리고 이러한 상처들은 옷에 묻은 먼지를 털어내듯 쉽게 없어지는 것들이 아니어서 마음속에 켜켜히 쌓여 있다. 친구의 생일에 초대받지 못했던 기억, 부모의 불화, 형제의 은밀한 성적인 아픔 등 수없이 많은 일들이 우리 삶에 일어나고, 그 사건들은 인격과 가치관 형성에 영향을 끼친다. 그리고 우리 마음에 오래도록 남아 사람들과의 관계, 일처리방식, 자기 정체감 형성 등 삶의 구석구석에 영향력을 끼치며 더 큰 불행을 만들어낸다.

쉽게 아물지 않는 상처의 영향력과 특성 때문에 사탄은 상처를 더 빈번히 이용하는지도 모른다. 사탄은 영리하고 꾀가 많고 영적인 존재여서 우리의 연약함을 훤히 꿰뚫고 있다. 그래서 우리가 어떤 상황에서 괴로워하고 도망칠지를 알기에 약한 부분을 지속적으로 공격한다. 우리는 또한 상처받는 자신의 약함을 싫어하기도 한다. 그래서 어떤 상처도 없이 행복하기만을 바란다. 하지만 예수님은 전혀 실족하지 않고 살 수는 없다고 분명히 말씀하셨다. 그리고 상처 속에서 순종과 기쁨을 이루어낸 많은 인물을 우리에게 알려주셨다.

　우리도 수없이 많은 어려움 속에서 낙망하고, 좌절하지만 다시 희망을 찾아내서 성숙이라는 성공을 이루어낼 수 있다. 우리도 성경의 많은 인물들처럼 상처의 아픔을 이겨내고 삶의 기쁨을 만들어갈 수 있다. 이것은 단순한 위로의 말이 아니라 실제로 수많은 사람들에게 일어났고 우리에게도 일어날 일이다. 우리는 이제 상처라는 덫에 속지 말고 낙망이라는 감정적 반응을 선택하지 말자. 사탄의 공격이 느껴지면 바로 성령님께 은혜를 구하며 그분이 주시는 희망과 사랑의 메시지를 들어보자. 하나님의 평안과 사랑의 관계 속으로 다시 돌아갈 수 있는 시간은 충분하다.

우리는 이 세상에 살면서 상처 없이 살 수는 없다. 우리는 수없이 많은 어려움 속에서 낙망하고 좌절한다. 하지만 다시 희망을 찾아내서 성숙이라는 성공을 이루어낸다. 성경의 많은 인물들이 그랬고, 위인들이 그랬다. 그렇기 때문에 우리도 인생의 어려움 속에서 상처의 아픔을 이겨내고 삶의 기쁨을 만들어갈 수 있다.

자유를 향한 묵상

1. 당신의 상처는 어디에서 시작되었는가? 상처를 받게 된 계기나 사건을 생각해보자.

   _____
   _____
   _____

2. 다음은 '상처의 열매'를 열거해놓은 것이다. 지난날 상처받은 적이 있다면, 그때 느꼈던 감정에 동그라미를 쳐보자.

   고통   분노   격분   질투   시기   원한   적의   비통   증오

3. 위의 상처의 열매들이 당신의 정서나 생활에 어떤 영향을 미치는가?

   _____
   _____
   _____

상처받은 사람은 마음이 괴로울 뿐만 아니라 자신의 고통에 눈이 멀어서 옳고 그름을 분간하지 못한다. 그래서 단순한 억측과 겉모습, 떠도는 풍문만으로 다른 사람들을 섣불리 판단한다. 우리는 이 묵상집을 통하여 하나님의 해결방법을 찾아낼 수 있다. 그것을 통해 사탄이 놓은 '상처'라는 미끼를 피하고 우리를 속박하고 있는 과거의 상처를 극복할 수 있다.

● 오늘 새롭게 깨달은 것은 무엇인가?
_____
_____
_____

● 삶에 적용해보자.
1. _____
2. _____
3. _____

주께서 심지가 견고한 자를 평강하고 평강하도록 지키시리니 이는 그가 주를 신뢰함이니이다 너희는 여호와를 영원히 신뢰하라 주 여호와는 영원한 반석이심이로다. ▪이사야 26:3-4

Day 2_

자존심이 만든 상처

우리가 마음에 뿌림을 받아

악한 양심으로부터 벗어나고

몸은 맑은 물로 씻음을 받았으니

참 마음과 온전한 믿음으로 하나님께 나아가자.

_히브리서 10:22

let us draw near to God with a sincere heart in full assurance of faith, having our hearts sprinkled to cleanse us from a guilty conscience and having our bodies washed with pure water. _Hebrews 10:22

한때 나는 몇 명의 목회자들에게 심각한 마음의 상처를 입은 적이 있었다. 사람들은 내게 와서 "저는 그분들이 목사님께 그런 일을 했다는 게 도저히 믿어지지가 않아요. 혹 상심하지는 않으셨어요?"라고 물었다. 그러면 나는 즉시, "아니에요. 괜찮습니다. 상처받을 게 뭐가 있겠어요?"라고 대답했다. 실족하는 게 옳지 않다고 생각한 나는 이를 부인했고 억눌렀다. 그때는 몰랐지만 사탄은 우리의 자존심을 이용해 상처를 가린다. 그리고 상처의 덫에서 빠져나가지 못하도록 위선적인 가면을 덮어씌운다. 자존심은 진실을 마주할 수 없게 만든다. 그래서 불필요한 자존심을 세우다 보면 마음의 실제 상태를 인정하는 게 쉽지 않다. 자신이 억울하게 희생물이 된 듯한 착각에 빠지게 되는 것이다.

나도 그때 표면적으로는 아무렇지 않은 척했지만 속에는 분노가 쌓여가고 있었다. 나는 다른 사람들에게 거칠게 대하는 나를 발견하기 전까지 내 상태가 어떤지 직면하지 못했다. 이때 나는 하나님 앞에 무릎을 꿇고 '하나님 어떻게 해야 하나요?'라고 물었다. 하나님은 속임수에서 벗어나려면 자신을 정확하게 보아야 한다고 말씀하셨다. 분노, 질투, 적의와 같은 감정을 가진 우리의 실제 상태를 보아야 한다는 것이다. 만일 이러한 자신의 마음 상태를 인식하게 되었다면 하나님께 그 마음을 솔직하게 내어놓고 겸손하게 기도하며 도움을 구해야 한다. 하나님은 우리에게 다른 사람을 향한 비난 대신 회개하는 마음을 주시기 때문이다.

자존심은 자신을 희생양으로 여기도록 만드는데, 우리가 일단 희생양이 되었다고 생각하면 다른 사람을 비난하고 분노하는 것이 아주 정당하게 느껴진다. 그래서 쉽게 분노를 표출하곤 한다. 하지만 분노 후에는 우리 마음에 상처와 미움이라는 쓴 고통이 남는다. 사탄이 목표하는 것은 분노 후에 남는 상처다. 분노하는 것이 습관이 되어 회복할 수 없게 된다면 그것은 인생에서 가장 불행한 일이다. 그래서 우리는 분노하고 싶은 마음이 들 때마다 그 감정에 말려 들어가서 희생양이 되지 않도록 마음을 지켜야 한다.

'나는 상처받는 사람이 아니야'라고 주장하며 마음속의 분노와 원망, 피해의식을 억눌러왔던 자존심을 내려놓자. 그러면 자신은 그런 사람이 아니라고 결백을 주장하던 마음속의 외침은 잔잔한 수면 아래로 사라지고, 진실을 마주할 수 있는 용기가 생긴다. 그리고 새로운 눈으로 주위를 보게 되면, 내 마음에 상처를 주었던 가해자도 사실은 희생양이었다는 사실을 알게 된다. 때로 이것이 사실이라는 것을 인정하기 어렵지만 자존심이라는 벽을 뛰어넘으면, 우리는 우리가 다 같이 상처받았다는 사실을 인정하게 된다. 그리고 상대의 마음도 약한 잎사귀 같다는 사실을 이해할 수 있게 된다.

　우리가 자존심에 부딪쳤을 때, 실족한 마음을 회복시켜주시도록 기도하면 성령께서는 완전한 자유함을 얻도록 우리를 이끌어주신다. 그리고 우리가 상처받았을 때 주님도 아파하시며 함께 슬퍼하셨다는 사실을 느끼게 해주신다. 우리는 그분의 사랑과 따뜻한 보살핌의 손길을 느낄 때 우리의 마음속에 있는 비참한 희생양의 모습은 사라지고, 다른 사람을 용서할 수 있는 마음을 가지게 된다. 물론 이렇게 하기가 쉬운 일은 아니다. 하지만 우리가 자존심을 내려놓고 겸손하게 우리의 연약함과 실수를 솔직히 인정하고 하나님 앞에 나아가면 하나님은 친히 우리를 치유의 길로 이끌어주신다. 하나님이 우리를 인도하실 때 잠잠히 귀기울이고 순종하면 마음 깊이 자리하던 분노는 사라지고 상처를 치유하시는 그분의 손길을 느끼게 될 것이다.

자존심은 우리의 마음을 무감각하게 만들고 통찰력을 흐리게 한다. 또 올무에서 벗어나 마음을 돌이켜서 회개하지 못하도록 방해한다. 하지만 우리가 자존심을 내려놓고 겸손하게 우리의 연약함과 실수를 솔직히 인정하고 하나님 앞에 나아가면 하나님이 친히 우리를 치유의 길로 이끌어주신다.

자유를 향한 묵상

1. 당신은 어떠한 상황에서 자존심이 상하는가? 자존심이 상하는 경우의 예를 들어보자.

   _____
   _____
   _____

2. 자존심이 상하면 당신은 어떤 상태가 되는가? 또 그 자존심은 무엇 때문에 생겼는지 생각해보자.

   _____
   _____
   _____

3. 다른 사람이 어떤 말이나 행동을 하더라도 자존심이 상하지 않으려면 당신은 어떻게 해야 하겠는가?

   _____
   _____
   _____

자존심은 진실을 볼 수 없게 만든다. 자존심은 자신을 희생양으로 여기도록 만들어서 다른 사람을 비난하고 분노하는 것이 아주 정당하게 느껴지게 한다. 그래서 쉽게 분노를 표출하곤 한다. 하지만 분노 후에는 우리 마음에 상처와 미워하는 마음이라는 쓴 고통이 남는다. 그래서 우리는 분노하고 싶은 마음이 들 때마다 그 감정에 그대로 말려들어가서 희생양이 되지 않도록 마음을 지켜야 한다. 우리가 우리의 그러한 연약함과 실수를 솔직히 인정하고 하나님 앞에 겸손하게 나아가면 하나님이 친히 우리를 치유의 길로 이끌어주신다.

● 오늘 새롭게 깨달은 것은 무엇인가?
_____
_____
_____

● 삶에 적용해보자.
1. _____
2. _____
3. _____

마음이 혼미하던 자들도 총명하게 되며 원망하던 자들도 교훈을 받으리라 하셨느니라. ▪이사야 29:24

Day 2 _ 자존심이 만든 상처   23

Day 3_

상처받은 것을 부인하면 상처는 더 깊어진다

이것으로 말미암아

나도 하나님과 사람에 대하여

항상 양심에 거리낌이 없기를 힘쓰나이다.

_사도행전 24:16

So I strive always to keep my conscience clear before God and man. _Acts 24:16

상처에서 해방되려면 상당한 노력이
필요하다. 우리는 본능적으로 우리에게 상처준 사람을 원망한다.
하지만 그때 우리가 해야 할 더 중요한 일은 상처받은 마음이 빨리
회복되도록 단련하는 일이다. 바울은 그런 노력의 어려움을 '힘쓰
나이다(exercise, 연습하다, 훈련하다)'라는 단어로 표현했다.

   나는 근육을 다친 적이 있었다. 높은 곳에 무리해서 매달려 있
다가 근육이 놀라서 며칠간 제대로 걷지 못했었다. 물리치료사가 내
상태를 보고, 평소에 꾸준히 몸을 단련했더라면 쉽게 부상당하지 않
았을 것이라고 말했다. 그런데 우리의 마음도 이와 같다. 평소에 용
서하는 것을 연습하면 상처의 덫에 쉽사리 빠지지 않게 되고, 결국
은 건강하고 깨끗한 양심을 가질 수 있게 된다. 마음을 훈련하는 일
은 힘든 일인 게 분명하지만 우리가 노력한 만큼 상처의 덫에서 빨
리 회복될 수 있다. 마음을 훈련하는 첫 단계가 자존심을 내려놓는
것이었다면, 두 번째 단계는 상처받은 사실을 솔직히 인정하는 것이

다. 첫 번째 단계와 두 번째 단계가 동시에 일어나기도 한다.

마음을 치유하고 고통에서 벗어나려면 자신이 상처받았다는 사실을 인정해야 한다. 때로 상처받았다는 사실이 나약하게 여겨져서 상처받은 사실을 부인하고 싶을 때가 있을 것이다. 하지만 정직하게 자신의 상태를 인정하고 나면 주님께 마음의 문을 여는 것이 쉬워진다. 주님 앞에 사실을 솔직하게 인정하면 주님과의 긴밀한 관계가 시작된다. 그리고 그러한 긴밀한 관계 속에서 치유가 진행된다. 사실을 인정한다고 해서 나아지는 게 없다고 생각하는 사람들도 있다. 그들은 자신의 힘으로 문제를 해결할 수 있다고 믿는다. 하지만 자신의 상태를 인정하는 것은 주님의 존재를 인정하는 것이고 그분의 도우심을 받는 가장 중요한 출발점이다.

나는 여전히 사람들에게서 상처를 받는다. 예전에는 이 사실을 인정하는 일이 왠지 패배하는 것처럼 여겨졌다. 하지만 누구에 대한 패배였는지 깊이 고민했을 때, 왜곡된 자존심이 그 상대라는 사실을 깨닫게 되었다. 자존심을 지키고 싶었던 나는 상처받았고, 또한 내면에서 싸움을 벌이느라 또 상처를 받고 있었다.

나는 주님께서 상처받은 사실을 인정하기 원하신다는 사실을 깨닫고, 힘든 일이었지만 상처를 인정했다. 나는 어린아이와 같이 주님께 고백했다. "주님 저는 지금 상처받아서 가슴이 찢어질 것 같아요." 그렇게 아픈 가슴을 솔직히 고백하고 잠잠히 기도하고 나니, 나의 마음은 호수와도 같이 잔잔해지고 해방감이 밀려왔다. 이것은 주님 앞에 나의 모든 약함을 드러내기로 결심하고 다 보여드

렸기 때문에 일어난 일이었다. 의식하지 못했지만 주님께 솔직히 내어놓기 전까지, 나는 주님께 자존심을 앞세우고 고집을 부리고 있었던 것이다. '이런 것쯤은 내가 다 할 수 있으니 주님은 보고만 계셔도 됩니다.' 이런 오만한 태도는 주님과 나를 분리시켰고 나로 하여금 회복을 경험할 수 없게 하였다. 의사가 상처를 보아야 치료를 시작할 수 있듯이, 주님은 우리가 상처를 솔직히 내어놓아야 치유를 시작하실 수 있다.

주님의 치유법은 우리가 생각하는 방향과 다를 수 있다. 주님의 방법이 이해가 가지 않더라도 겸손하게 자신을 내려놓고 순종하면, 주님은 우리의 상처를 치유해주실 뿐 아니라 우리의 마음에 평안을 주시고 우리를 안전한 곳으로 인도하신다. 우리가 상처를 방치하면 그 상처는 결국 우리의 삶을 망쳐놓는다. 하지만 주님께 상처받은 마음을 솔직히 내어놓는다면 그 상처가 오히려 그분께 더 가까이 갈 수 있는 통로가 된다. 우리는 상처를 인정하고 주님께 내어놓음으로써 주님과 동행하는 삶을 살 수 있다.

평소에 용서하는 것을 연습하면 상처의 덫에 쉽사리 빠지지 않게 되고, 결국은 건강하고 깨끗한 양심을 가질 수 있게 된다. 마음을 훈련하는 일은 힘든 일인 게 분명하지만 우리가 노력한 만큼 상처의 덫에서 빨리 회복될 수 있다. 마음을 훈련하는 첫 단계가 자존심을 내려놓는 것이었다면, 두 번째 단계는 상처받은 사실을 솔직히 인정하는 것이다.

자유를 향한 묵상

1. 상처받기 쉬운 자신의 연약함을 얼마나 인정하고 있는가? 또한 하나님의 치유 능력을 얼마나 인정하고 있는지 생각해보자.

   _____

   _____

   _____

2. 다음의 각 항목을 읽고 빈칸에 답을 적어보자.

   ↳ 상처받았음을 깨닫는다.

   　내가 상처받은 것은 _____ 때문이다.

   ↳ 자신의 상처를 하나님께 고백한다.

   　주님, 저는 _____ 할 때 상처받았습니다.

   ↳ 주님의 질책과 명령에 귀기울인다.

   　저는 주님께서 제가 _____ 하기를 바라신다는 것을 알고 있습니다.

   ↳ 마지막으로 자신의 마음을 다치게 한 사람을 진심으로 용서한다.

   　주님, 저는 _____ 를 용서합니다.

   　왜냐하면 _____ 기 때문입니다.

상처받은 사실을 인정하지 않을 때는 마음에 분노만 가득 차고, 분노가 계속 쌓이면 그것은 원한으로 바뀌어 깊은 뿌리를 내리기 시작한다. 잘못을 인정할 때 용서가 시작되는 것처럼, 상처에서 회복되는 일 역시 상처와 아픔을 인정할 때 시작된다. 자신의 잘못을 인정하는 행위에는 하나님의 능력을 믿고 인정하는 일이 포함되어 있다. 주님의 방법이 이해되지 않더라도 겸손하게 자신을 내려놓고 순종하면, 주님은 우리의 상처를 치유해주실 뿐 아니라 우리의 마음에 평안을 주시고 우리를 안전한 곳으로 인도하신다.

● 오늘 새롭게 깨달은 것은 무엇인가?

● 삶에 적용해보자.
   1.
   2.
   3.

너는 범사에 그를 인정하라 그리하면 네 길을 지도하시리라 스스로 지혜롭게 여기지 말지어다 여호와를 경외하며 악을 떠날지어다. ▪잠언 3:6-7

Day 4_

뜨거운 풀무불은
불순물을 제거해준다

그러므로 너희가 이제 여러 가지 시험으로 말미암아

잠깐 근심하게 되지 않을 수 없으나

오히려 크게 기뻐하는도다

너희 믿음의 확실함은

불로 연단하여도 없어질 금보다 더 귀하여

예수 그리스도께서 나타나실 때에

칭찬과 영광과 존귀를 얻게 할 것이니라.

_베드로전서 1:6-7

In this you greatly rejoice, though now for a little while you may have had to suffer grief in all kinds of trials. These have come so that your faith-of greater worth than gold, which perishes even though refined by fire-may be proved genuine and may result in praise, glory and honor when Jesus Christ is revealed. _1 Peter 1:6-7

사탄은 우리의 약점을 너무도 잘 알고 있어서 교묘하게 덫을 만들어 우리들이 맥없이 걸려들 때를 기다린다. 따라서 우리가 사탄의 속임수에 빠지지 않으려면 우리의 내면에서 부정적인 감정이 어떻게 생겨나는지 관찰하는 능력이 필요하다.

자신의 감정을 관찰한다는 것은 아주 어렵고도 특별한 일인데, 이러한 능력을 얻기 위해서 우리는 무엇을 해야 할까? 나는 이러한 고민을 하며 스스로 감정을 통제할 수 있는 능력을 달라고 하나님께 간절히 기도한 적이 있다. 그렇게 기도하고 있을 때 나는 아주 심각한 시험을 치르고 있었다. 그 시험은 이전에 겪은 적 없는 아주 심각한 것이었다. 나는 가까운 사람들에게조차 아주 무례하고 거칠게 굴었고 가족과 친구들까지도 견디다 못해 나를 멀리하기 시작했다. 나는 내 안에서 솟구치는 분노를 이기지 못하고 하나님께 울부짖었다. 이 분노를 해결해달라고 간구하고 또 간구했다. 나는 내 안에서 통제할 수 없이 수시로 솟구치는 분노 때문에 괴롭기도 했지만, 내 안에 그토록 많은 분노가 있다는 사실에 놀라고 실망했다.

그때 주님은 "금을 풀무불에 녹일 때 비로소 불순물이 표면 위로 떠오른다. 연단의 풀무불이 너를 태우고 있으므로 불순물이 표면 위로 떠오른 것이다. 너는 네 친구들과 동료들을 비난하면서 화가 난 채로 지낼 수도 있다. 그러나 그렇게 하고 싶지 않다면 죄의 찌꺼기들을 똑바로 보고 회개하고 용서하도록 해라. 그러면 내가 너의 삶 속에 있는 그 불순물들을 제거해주겠다."라고 말씀하셨다.

그동안 나도 모르는 사이에 쓴 뿌리와 부정적인 감정의 찌꺼기들이 마음속에 침전해 있었던 것이다. 나는 전혀 느끼지 못했지만 그것들이 하나님과의 관계와 사명을 다하는 데에도 방해가 되고 있었다. 내 안에서 수시로 올라와서 사람들에게 상처를 주는 지저분한 허물들을 바라보는 것은 너무도 고통스러웠다. 하지만 나는 그 고통에서 벗어나기 위해 드디어 용기를 내서 내 허물을 직시하는 시간을 가졌다. 그리고 고통의 연단을 잘 견뎌내게 해달라고 간절히 기도했다.

순금은 불로 연단한다 계 3:18. 금은 다른 금속과 섞이면 단단해지고 유연성이 떨어지며 녹이 많이 생긴다. 그래서 어마어마하게 뜨거운 용광로에 넣고 단련하여 다른 금속(불순물)을 녹여 없애고 유연하고 순도 높은 금만 남게 만든다.

우리의 마음도 금과 다르지 않다. 자존심을 내세우며 상처에 집착하고 비탄, 분노, 원한 같은 감정에 자꾸 빠지면 마음이 돌처럼 굳고 완고해진다. 그리고 마음이 완고해질수록 점점 더 하나님의 뜻을 이해하지 못하고 그분이 부르시는 사랑의 목소리를 듣지 못하게 된다. 그래서 하나님은 우리의 마음을 깨끗하게 정화하려 하신다. 용서하지 않는 마음과 분노, 시기와 질투 따위의 불순물을 뜨거운 불을 통해 우리 마음에서 분리해내신다. 그래서 결국은 우리가 하나님의 온전한 성품을 닮아 정결하고 거룩해지도록 이끄신다.

특별히 연단 중에 있을 때 잊지 말아야 할 것은, 하나님은 언제나 우리의 상처에 관여하여 상처의 근원이 되는 불순물을 제거해주려 하신다는 사실이다. 우리는 하나님이 우리의 성품과 삶을 아름답게 변화시키려 하신다는 사실을 신뢰해야 한다. 우리가 우리 내면에 깊이 뿌리 내린 상처를 처리해나가시는 하나님의 손길을 신뢰하고 그의 이끄심에 순종한다면, 상처는 생명으로 변하여 은혜의 향기를 발하게 될 것이다.

순금은 다른 금속(불순물)이 녹아 없어져서 유연하고 순도가 높은 금만 남게 되는 뜨거운 풀무불에서 만들어진다. 우리의 마음도 금과 다르지 않다. 하나님은 우리의 마음을 깨끗하게 정화하시기 위해 용서하지 않는 마음과 분노, 시기와 질투 따위의 불순물을 뜨거운 불을 통해 우리 마음에서 분리해내신다.

자유를 향한 묵상

1. 지금까지의 인생을 돌이켜보자. 그리고 하나님의 성품을 닮지 못하게 가로막은 마음속 불순물들은 무엇이었는지 적어보자.

   _____
   _____
   _____

2. 위에 인용한 베드로전서 1장 6-7절을 살펴볼 때 하나님께서 우리를 어떻게 정화하시는가?

   _____
   _____
   _____

3. 하나님께 연단받은 적이 있는가? 그 이후로 나는 어떤 면에서 어떻게 달라졌는가?

   _____
   _____
   _____

사탄의 속임수에 빠지지 않으려면 우리의 내면에서 부정적인 감정이 어떻게 생겨나는지 관찰하는 능력이 필요하다. 우리는 누군가에게 상처를 받을 때마다 피해의식에 사로잡혀 자신을 아프게 한 상대방을 원망한다. 그러고는 자신이 느끼는 온갖 부정적인 감정을 정당화한다. 심지어 상처준 사람을 생각나게 하는 다른 사람에게까지 분노를 터뜨리곤 한다. 그래서 예수께서는 "안약을 사서 눈에

발라 보게 하라"(계 3:18)고 충고하셨다. 눈을 뜨고 우리의 실제 상태를 보아야 한다는 뜻이다.

● 오늘 새롭게 깨달은 것은 무엇인가?
_____
_____
_____

● 삶에 적용해보자.
1. _____
2. _____
3. _____

그는 흉한 소문을 두려워하지 아니함이여 여호와를 의뢰하고 그의 마음을 굳게 정하였도다. ■시편 112:7

Day 5_

가까운 사람에 대한 기대

너희가 너희를 사랑하는 자를 사랑하면

무슨 상이 있으리요

세리도 이같이 아니하느냐

또 너희가 너희 형제에게만 문안하면

남보다 더하는 것이 무엇이냐

이방인들도 이같이 아니하느냐

그러므로 하늘에 계신 너희 아버지의 온전하심과 같이

너희도 온전하라.

_마태복음 5:46-48

If you love those who love you, what reward will you get? Are not even the tax collectors doing that? And if you greet only your brothers, what are you doing more than others? Do not even pagans do that? Be perfect, therefore, as your heavenly Father is perfect. _Matthew 5:46-48

나는 언젠가 어떤 사람에게 내가 할 수 있는 모든 방법을 동원해 사랑을 보여주려고 애쓴 적이 있었다. 그러나 내가 사랑으로 대할 때마다 그 사람은 비난과 무례한 행동으로 나를 거부했다. 몇 달 동안 이런 일이 계속되다 보니 어느 순간 지치고 말았다.

나는 하나님께 불평했다. "하나님! 제가 이 사람에게 하나님의 사랑을 보여주려고 할 때마다 그는 험악한 분노만 쏟고 있습니다." 그러자 주님이 말씀하셨다. "존! 너는 나의 사랑에 대한 믿음을 좀 더 키워야겠다!" 나는 처음에 하나님이 어떤 의미로 이런 말씀을 하시는지 이해하지 못했다.

우리는 우리가 관심을 가지고 마음을 주는 사람들로부터 오히려 상처를 받는다. 그들은 우리 옆에 앉아 우리와 더불어 찬양하는 사람일 수도 있고, 설교를 하는 사람일 수도 있다. 우리는 그들과 함께 주일을 보내고 성경말씀을 나누고 같은 사무실을 쓰기도 한다. 함께 성장하고 신뢰하고 옆에서 같이 잠이 드는 사람일 수도 있다. 가까운 관계일수록 그 상처는 더욱 모질고 독하다. 당신도 한때 가장 가까운 관계였던 사람들이 극한 증오의 관계로 돌아서는 것을 본 적이 있을 것이다. 그것은 우리가 그들에게 더 많은 것을 기대하기 때문이다. 기대가 높을수록 실망도 깊다.

기대감이 무너지면 우리는 냉담해진다. 어떤 사람들은 "용서는 했지만 그 사람을 다시는 보고 싶지 않아."라는 말을 한다. 교회에서 만나는 사람들에게도 실망하게 되면 같은 말을 한다. 함께 기도하고 위로해주어야 할 사람들에게서 냉정한 이야기를 듣고, 어떤 경우에는 더 심각한 일들을 당하면서 불신과 마음의 벽이 높아지는 것이다.

주님도 이런 상황에 처한 적이 있으셨다. "베드로가 바깥 뜰에 앉았더니 한 여종이 나아와 이르되 너도 갈릴리 사람 예수와 함께 있었도다 하거늘 베드로가 모든 사람 앞에서 부인하여 이르되 나는 네가 무슨 말을 하는지 알지 못하겠노라" 마 26:69-70.

유다는 예수님을 배신했고, 베드로는 모르는 사람이라고 부인했다. 남은 제자들도 살 길을 찾아 각각 흩어졌다. 그러나 예수님은 그들 모두를 용서하셨다. 심지어 예수님을 끌고 가 십자가에 못 박은 로마 군병들까지 모두 용서하셨다. 예수님은 사랑의 씨앗을 뿌렸고 우리는 바로 그 사랑으로 살아가고 있다.

나는 가까운 사람을 바라보면서 실망할 때마다 예수님의 마음을 떠올린다. 그리고 '나의 사랑에 대한 믿음을 좀 더 키워야겠다!'

라고 생각하면서 내가 나누었던 사랑이, 내가 베푼 친절이, 내가 보낸 웃음이 의미없이 사라져버리는 게 아니라는 사실을 되새긴다. 나는 내가 누군가와 사랑을 나눌 때 그 사랑이 두 사람 안에만 머무는 게 아니라, 하나님께서 그 사랑으로 일하신다는 사실을 믿는다. 비록 내가 뿌린 사랑의 열매를 직접 보지 못한다 하더라도 예수님은 내가 베푼 사랑을 사용하시고 기억하신다.

우리가 어떤 사람들에게 기대를 가지고 있다면 그들은 우리를 실망시킬 수 있다. 하지만 어떤 기대도 하지 않고 친절이나 미소, 또는 무엇인가를 베푼다면 감사와 기쁨을 경험하게 된다. 나는 보답을 바라지 않고 사랑하는 마음으로 사람을 대하기 시작하면서 순간순간 마음 깊은 곳으로부터 감사와 기쁨을 누리게 되었다. 이제 나는 사랑하는 사람이 나를 사랑하지 않아도 좌절하지 않는다. 우리가 사람을 사랑할 때에, 하나님이 그것을 통해 일하신다는 것을 믿기 때문이다. 다른 사람을 조건 없이 사랑하는 일이야말로 하나님과 나 그리고 사람들을 연결하는 새로운 시작점이다.

우리는 우리가 관심을 가지고 마음을 주는 사람들로부터 오히려 상처를 받는다. 기대가 높을수록 실망도 깊기 때문이다. 그리고 기대감이 무너지면서 우리는 상처받고 냉담해진다. 우리가 기대감 없이 사람을 사랑할 때에 하나님은 그것을 통해 일하신다. 다른 사람을 조건 없이 사랑하는 것은 바로 자기 자신을 위해서 해야 할 일이다

자유를 향한 묵상

1. 나와 가까운 주변 사람들에게 기대하고 있는 것이 무엇인지 생각해보자. 그 기대가 충족되지 않을 때 어떤 기분이 드는가? 그리고 그 상대에게 어떻게 대하는가? 그러한 기대들이 나에게 어떠한 상처를 주었는지 생각해보자.

_____
_____
_____
_____

2. 아래의 글을 읽고 자신을 포함하여 사람들이 상처받는 빈도가 어느 정도인지 파악해보자.
   ↳ 교회 성도들은 쉽게 상처받는 것 같다. (O , X)
   ↳ 나는 쉽게 상처받는다. (O , X)
   ↳ 내 친구들은 쉽게 상처받는 것 같다. (O , X)
   ↳ 나의 직장 동료들은 쉽게 상처받는다. (O , X)
   ↳ 나의 친척들은 쉽게 상처받는다. (O , X)

O 표시가 많다면, 그것은 오늘날의 사람들이 얼마나 쉽게 상처받는지를 보여주는 것이다. 그러나 그리스도인은 하나님의 사랑을 충만히 받고 있기 때문에 그것을 인식하는 한, 상처의 덫에 쉽게 빠지지 않을 수 있다. 남에게 사랑을 베푸는 것은 곧 영적인 씨를 뿌리는 것이며, 꾸준히 사랑을 실천하면 결국에는 사랑의 열매를 거두게 된다. 사랑의 열매가 어디에서 어떻게 맺힐지 미리 알 수 없지

만 열매가 맺힌다는 사실만은 분명하다.

● 오늘 새롭게 깨달은 것은 무엇인가?
___
___
___

● 삶에 적용해보자.
1. ___
2. ___
3. ___

사랑 안에 두려움이 없고 온전한 사랑이 두려움을 내쫓나니 두려움에는 형벌이 있음이라 두려워하는 자는 사랑 안에서 온전히 이루지 못하였느니라.
▪ 요한 1서 4:18

상한 마음이 말하는 것

짧은 인생길에 고난이 얼마나 많은지 눈만 뜨면 근심과 걱정이 밀려온다. 내가 잘못해서 생기는 고통, 나는 아무 잘못도 없는데 억울하게 당하는 괴로움, 한 가지 문제를 겨우 해결하고 한숨을 돌리는가 싶은데 해결된 문제보다 더 큰 문제들, 마치 바다에 파도가 밀려오듯 쉴 새 없이 고난과 고통의 문제가 밀려오는 게 인생이라는 생각이 든다. 평탄한 길같이 보였는데 갑자기 절벽이 나타난다. 그래서 앞으로 나갈 일이 보이지 않는다. 이제는 되돌아갈 수도 없고 앞으로 계속 나아가려고 하니 소망이 보이지 않는다. 내 마음대로 되는 일이 없다. 그럴 때마다 실망과 좌절감 때문에 육체적으로 고통을 겪는다. 우리 학생들의 입시, 사업하는 사람들이 받는 스트레스, 가장이 갖는 긴장, 가정주부들이 느끼는 허무감 등 인생의 고민과 고통과 괴로움에서 벗어날 수 있는 사람은 아무도 없다. 이렇게 마음 상하는 일만 생각하고 산다면 조금도 살 맛이 나지 않을 것이다.

얼마 전 모 잡지에서 독자들을 대상으로 일상생활에서 오는 나쁜 감정들을 어떻게 처리하는가를 묻는 의견 조사를 한 일이 있었다. '속상할 때 어떻게 하는가?' '당신이 선택한 그 방법으로 속상한 게 풀렸느냐?'는 질문이었다. 단 한 명도 자신이 선택한 방법으로 상한 감정이 치유되지 않았다고 대답했다. 그 다음 질문이 '당신이 선택한 방법 가운데 어느 방법이 가장 좋은 방법이라고 생각하는가?'였다. 거기에 대한 대답은 '나를 이해해주는 친구를 만나서 속을 털어놓고 이야기하는 것'이라는 답변이었다. 하지만 그런 친구들이 있느냐는 질문에 92.5퍼센트가 그런 친구는 없다고 답했다고 한다. 그래서 사람들은 속상할 수밖에 없다.

그런 상황에서 여러분은 어떻게 문제를 풀어가는가? 시편 기자의 대답은 우리들이 어떻게 인생의 문제를 풀어야 할지를 잘 가르쳐 준다. 그것은 한마디로 주님을 바라보면 거기서 길을 찾을 수 있다는 것이다.

"원수가 내 영혼을 핍박하며 내 생명을 땅에 엎어서 나로 죽은 지 오랜 자 같이 나를 암흑 속에 두었나이다 그러므로 내 심령이 속에서 상하며 내 마음이 내 속에서 참담하니이다 내가 옛날을 기억하고 주의 모든 행하신 것을 읊조리며 주의 손이 행하는 일을 생각하고 주를 향하여 손을 펴고 내 영혼이 마른 땅 같이 주를 사모하나이다 셀라" 시편 143:3-6.

김학중,《도와주세요 예수님》

Day 6_

부당한 대우로 인한 상처

요셉이 그들에게 이르되 두려워하지 마소서

내가 하나님을 대신하리이까

당신들은 나를 해하려 하였으나

하나님은 그것을 선으로 바꾸사

오늘과 같이 많은 백성의 생명을

구원하게 하시려 하셨나니.

_창세기 50:19-20

But Joseph said to them, "Don't be afraid. Am I in the place of God? You intended to harm me, but God intended it for good to accomplish what is now being done, the saving of many lives." _Genesis 50:19-20

상처받은 사람들은, 실제로 부당한 대우를 받은 사람과 또한 부당한 대우를 받은 것은 아닌데 부당한 대우를 받았다고 착각하는 사람으로 분류된다. 두 번째의 경우 부정확한 정보를 가지고 그런 결론에 도달하는 경우가 많다. 혹은 정보가 정확하더라도 결론이 왜곡된 경우일 수도 있다. 그들은 추정이나 겉으로 드러나는 정황, 소문을 가지고 판단한다.

　　성경에는 부당한 대우를 받은 사람이 많이 등장한다. 부당한 대우를 받은 대표적 인물인 요셉에 대해서 살펴보자. 요셉은 아주 힘든 시기를 오랫동안 견뎠다. 요셉은 꿈꾸는 자였다. 혼자만의 꿈이 아닌 하나님이 부어주신 꿈으로 가득한 사람이었다. 아마 그의 마음은 언제나 희망과 꿈으로 가득했을 것이다. 그러나 그 꿈이 산산이 부서질 만한 사건이 일어났다. 함께 즐거움과 기쁨을 나누던 사랑하는 형들이 어느 날 그를 다른 나라에 노예로 팔아넘긴 것이다. 그러나 성경 어디에도 요셉이 형들을 원망했다는 이야기는 없다. 그가 낙담했다는 이야기도 없다. 창세기 39장 23절을 보면, "여호와께서 요셉과 함께하심이라 여호와께서 그의 범사에 형통케 하셨더라"는 말씀이 나온다. 하나님께서 함께하셨기 때문에 요셉이 그러한 상황들에 대해 원망하지 않았을 것이라고 생각할 수도 있다. 하지만 뒤집어서 생각하면, 요셉의 반응이 항상 적절했기 때문에 하나님께서 그와 친밀하게 지내셨다고 볼 수도 있다. 요셉은 미디안 상인들에게 팔린 후 13년이란 시간을 노예로 지내야 했지만 항상 자신이 섬겨할 주인에게 충성과 성실을 다했다.

노예가 되었다는 것은 자신의 모든 개인적인 권리를 박탈당했다는 뜻이다. 족장인 야곱의 아들로 태어나서 많은 재산을 상속받고 권세를 누리며 살 신분이었던 요셉이 너무도 부당하게 미천한 노예 신분으로 바뀐 것이다.

요셉처럼 형제들 때문에 모진 고통을 겪은 사람은 그리 많지 않다. 원수들이 그런 짓을 했더라면 오히려 덜 고통스러웠을 것이다. 그의 형제들은 그를 격려하고 지지하고 보호하고 돌봐주어야 할 사람들이 아닌가! 요셉의 경우보다 더 나쁜 시나리오가 존재할 수 있을까? 하지만 우리는 요셉이 그러한 관계에서 비롯된 극심한 상처를 어떤 태도로 반응하고 극복했는지 주목해야 한다.

우리에게 이런 상황이 닥친다면 어떤 반응을 보일 수 있을까? 우리가 이처럼 억울한 상황에 처하면 미칠 것 같은 분노를 느낄 것이다. 더욱이 하나님을 신실하게 믿었던 사람이라면 하나님이 그런 상황을 허락하셨다는 것에 대해서 납득할 수 없는 절망과 원망에 휩싸일 것이다. 요셉이 이러한 절망과 원망을 표현했다 할지라도 우리는 그의 언행을 이해했을 것이다. 그것이 오늘날 우리가 생각하는 방식이기 때문이다. 그러나 요셉은 우리의 예상과 달리 전혀 다른 반응을 보였다. 그는 자신에게 닥친 이해할 수 없는 불행한 상황에 대해 저항하지 않고 그저 받아들이고 성실하게 따라갔다. 뿐만 아니라 그 불행한 환경 속에서도 오히려 하나님께 기도하며 믿음을 잃지 않았다.

우리는 상황이 암담하고 가족들이 부당하게 대우하고 사람들이 냉담하게 대할지라도 하나님만 바라보며 순응할 수 있을까? 누군가 당신에게 상처를 줄 때마다 흥분하거나 화를 내는 대신, 그 사건을 통해 깨달음을 주시려는 하나님의 뜻이 무엇인지 생각할 수 있을까? 요셉이 참담한 상황에서도 하나님께 규칙적으로 기도를 드리고 믿음을 지키며 지혜롭게 살아간 것처럼 우리도 그렇게 할 수 있을까? 요셉은 우리와 같은 사람이다. 요셉이 그렇게 했다면 우리도 할 수 있다.

요셉이 형제들에 의해 팔려서 참담한 노예생활을 하면서도 하나님께 규칙적으로 기도를 드리고 믿음을 지키며 지혜롭게 살아간 것처럼 우리도 그렇게 할 수 있다. 겸손과 인내로 고난을 감당해낸 요셉을 축복하신 것처럼 하나님은 우리를 축복하실 것이다.

자유를 향한 묵상

1. 당신은 과거에 어떤 가혹한 대우를 받았던 일이 있는가? 그것이 왜 가혹하다고 생각하는가?

2. 진짜로 가혹한 대우를 받았다면 상처받는 게 당연한 일이라고 생각하는가? 요셉은 억울하게 노예로 팔려 너무도 괴롭고 슬픈 상황 속에 있었지만 하나님을 신실하게 믿었다. 당신은 상처받은 마음을 하나님께 내어놓고 기도한 적이 얼마나 되는가?

3. 창세기 37-48장에 나오는 요셉의 이야기를 생각해보자. 요셉의 말과 행동을 통해 무엇을 깨닫게 되는가?

언제든 마음 내킬 때 인간을 파괴할 수 있다면, 사탄은 벌써 오래전에 그렇게 했을 것이다. 그 무엇도 우리를 하나님의 뜻 가운데서 벗어나게 할 수 없다. 그렇지만 우리에게는 모든 일들에 대하여 어떤 반응을 보일 것인지 선택할 권리가 있다. 증오와 원망을 선택할 수도 있고, 용서와 순종을 선택할 수도 있다. 우리는 어떤 선택을 해야 할 것인가?

● 오늘 새롭게 깨달은 것은 무엇인가?
___
___
___

● 삶에 적용해보자.
1. ___
2. ___
3. ___

사람이 감당할 시험밖에는 너희가 당한 것이 없나니 오직 하나님은 미쁘사 너희가 감당하지 못할 시험 당함을 허락하지 아니하시고 시험 당할 즈음에 또한 피할 길을 내사 너희로 능히 감당하게 하시느니라. ▪고린도전서 10:13

Day 7_

리더에게
상처받았을 때

그가 아버지의 마음을

자녀에게로 돌이키게 하고

자녀들의 마음을

그들의 아버지에게로 돌이키게 하리라

돌이키지 아니하면 두렵건대

내가 와서 저주로 그 땅을 칠까 하노라 하시니라.

_말라기 4:6

He will turn the hearts of the fathers to their children, and the hearts of the children to their fathers; or else I will come and strike the land with a curse. _Malachi 4:6

형제가 나를 거절하거나 나에게 악의를
품는 것과 아버지가 나를 거절하거나 나에게 악의를 품는 것은 차원이 다르다. 여기서 아버지란 생물학적인 진짜 아버지뿐만 아니라 하나님께서 정해주신 세상의 모든 지도자를 포함한다. 우리는 지도자들이 우리들을 좋은 길로 인도하고, 양육하며, 돌봐주기를 기대한다.

　직장, 가정, 교회 등 삶의 여러 환경에서 우리는 항상 리더를 만난다. 리더가 중심을 잡아주고 분위기를 이끌어주기를 바랄 때도 있다. 어떤 경우에는 리더의 자질이 의심돼서 관계를 끊고 싶을 때도 있다. 특히, 자신을 무시하거나 해롭게 하는 리더를 만나는 경우에는 배신감이 크다. 인정받고 싶었던 리더에게서 오히려 무시를 당하는 기분은 정말 불쾌하다. 리더 중에는 아직 준비되지 않은 리더도 있고 진짜로 악한 의도를 가진 리더들도 있다. 어떤 리더들은 자신을 의지하는 사람들을 야망의 수단으로 이용하기까지 한다. 그래서 이용할 것이 없는 사람에 대해서는 무시하거나 해를 가하는 경우도 있다. 이러한 리더의 태도를 경험한 사람들은 '내가 뭘 잘못했지?' '내가 능력이 없고 가치 없는 사람인가?' 라는 생각을 하게 된다. 리더의 동기를 이해하지 못했을 뿐인데, 사람들은 그 리더의 태도 때문에 자책감에 빠져드는 것이다. 이 경우 자책감을 가지는 것은 올바르지 않다. 자책감을 가지거나 분노하기보다는 리더를 있는 그대로 인정하고 받아들이려는 노력이 필요하다. 하나님은 리더에게 순종하라고 명하셨다. "종들아 두려워하고 떨며 성실한 마음으로 육체의 상전에게 순종하기를 그리스도께 하듯 하라" 엡 6:5.

때로는 리더의 언행이 이해가 안 되어서 반발하고 도전하고 싶은 욕구에 휩싸이기도 한다. 리더들의 이해할 수 없는 일방적인 지시와 방침 때문에 곤경에 처하기도 한다. 특히 자신이 컨트롤할 수 없는 사회 지도자나 정치가들에게 배반감을 느끼며 분노하게 되는 경우도 많다. 사람들은 리더에 대한 분노가 쌓이면 그에게 다가가 솔직한 마음을 전하여 사안을 해결하려고 하기보다는, 마음을 닫고 다른 사람에게 호소하는 것으로 위로를 얻으려고 한다. 그런데 이러한 행동은 자신의 개인적인 분노를 다른 사람에게 전파하는 악순환을 낳는다. 우리가 컨트롤할 수 없는 사람들의 문제로 분노하고 그 분노를 다시 다른 사람에게까지 전파할 필요는 없다.

이 세상의 리더는 하나님께서 세워주신 사람으로 우리는 그들을 받아들이고 그의 올바른 지도와 성장을 위해 기도해야 한다. 어떠한 상황에서도 리더에게 대항하거나 분쟁을 일으키지 않고 리더가 인도하는 방향에 순응하고 따라야 하는 것이다. 그러면 하나님께서 모든 문제의 해결점을 보여주실 것이다.

그런데 여기서 의문이 하나 생긴다. '그렇다면 나와 삶의 가치나 목표가 맞지 않는 리더에게 상처받으면서도 평생 섬겨야 하나?' 다행히도 그렇지 않다. 가정의 리더인 부모는 성장하여 독립할 수 있는 상태가 되면 자연스럽게 분리된다. 그밖의 사회 조직에서 만난 리더도 분쟁이나 혼란 없이 자연스러운 때를 만들어서 다른 리더를 만나면 된다. 중요한 것은 리더가 누구든지 그는 하나님께서 주신 리더이므로, 그에게 순종하고 따르면서 그 속에서 자신의 목표를 이루어나가는 것이다. 하나님께서 우리를 향해 가지고 계신 특별한 계획을 믿고 인내하면서 리더에게 순종하고 성실하게 살아가면, 하나님께서 모든 어려운 문제를 해결해주실 것이다. 하나님은 준비되지 않은 리더나 탁월한 리더 양쪽 모두를 사용해서 우리를 더욱 지혜롭고 탁월한 하나님의 사람으로 성장시키신다.

우리는 어떠한 상황에서도 리더에게 대항하거나 분쟁을 일으키지 않고 리더가 인도하는 방향에 순응하고 따라야 한다. 이 세상의 리더는 하나님께서 세워주신 사람으로 받아들이고, 그의 올바른 지도와 성장을 위해 기도해야 한다. 하나님은 준비되지 않은 리더나 탁월한 리더 양쪽 모두를 통해 우리를 더욱 지혜롭고 탁월한 하나님의 사람으로 성장시키신다.

자유를 향한 묵상

1. 그동안 리더로부터 받았던 상처를 두 가지만 생각해보자. 누구에게 언제 어디서 어떻게 상처받았나?

2. 그 리더는 왜 그렇게 할 수밖에 없었는지 그의 입장이 되어 생각하고 이유를 설명해보자.

3. 당신이 이상적으로 생각하던 리더가 되었다면 어떻게 다르게 행동할 수 있을까?

우리는 우리가 선택하지 않았지만 함께하면서 섬겨야 할 리더를 만난다. 이 리더와 성격과 비전이 맞는 경우에는 정말 축복이다. 그러나 그렇지 않은 경우에는 참으로 견디기가 힘겹다. 서로 다른 사고방식과 가치관, 일의 추진방향 등을 따르기란 쉽지 않다. 매일 마음에 갈등이 생기고 고민이 될 것이다. 그러나 그러한 리더일지라도 그 리더의 방향에 맞추어 섬기다 보면 성장하고 발전하여 더 나은 경쟁력을 갖추게 된다. 우리는 그 과정을 통해 유익한 열매를 맺을 것을 믿어야 한다. 모든 리더는 하나님이 세우셨다.

● 오늘 새롭게 깨달은 것은 무엇인가?

● 삶에 적용해보자.
  1.
  2.
  3.

종들아 모든 일에 육신의 상전들에게 순종하되 사람을 기쁘게 하는 자와 같이 눈가림만 하지 말고 오직 주를 두려워하여 성실한 마음으로 하라.
▪ 골로새서 3:22

Day 8_

가정의 시험은 성숙을 위한 훈련

결혼한 자들에게 내가 명하노니

(명하는 자는 내가 아니요 주시라)

여자는 남편에게서 갈라서지 말고

(만일 갈라섰으면 그대로 지내든지

다시 그 남편과 화합하든지 하라)

남편도 아내를 버리지 말라.

_고린도전서 7:10-11

To the married I give this command (not I, but the Lord): A wife must not separate from her husband. But if she does, she must remain unmarried or else be reconciled to her husband. And a husband must not divorce his wife.
_1 Corinthians 7:10-11

결혼은 참으로 오묘한 것이다. 부부가 된 사람들은 다른 사람들에게서 느낄 수 없는 기쁨을 서로에게 느끼기도 하고, 배우자로 인해 참담한 고통의 시간을 보내기도 한다. 하나님은 누구보다 친밀한 관계가 되는 결혼을 통해 우리를 더 자주 담금질하신다. 나는 나의 결혼 초기의 생활을 떠올리면 지금도 부끄럽다. 우리 부부는 결혼한 후 처음 5년간 정말 힘들었다. 서로에게 너무 많은 상처를 입혔고 한때 사랑했었던 감정을 되살리는 것조차 전혀 가망 없는 일처럼 보였다. 그때 오직 한 가지만이 우리가 함께하는 이유였다. 그것은 우리 둘 모두 하나님께서 결혼을 결정하셨다는 사실을 믿고 있었다는 점이다. 그래서 우리는 아무리 힘들어도 이혼을 생각하지 않았다. 우리 부부가 관계 회복을 위해 할 수 있는 일은 오직 하나님께서 치유하시고 변화시키리라고 믿는 것뿐이었다. 우리 둘 다 아무리 고통스럽더라도 이런 믿음만은 강하게 지켜나갔다.

나는 우리의 결합을 통해 하나님께서 이루실 일을 중단시킬 수 없었다. 하나님께서 우리에게 주신 약속 중 한 가지는 내가 아내와 함께 목회할 것이라는 약속이었다. 하나님께서 이 약속을 주셨을 때 나는 아주 쉽게 이루어질 것이라고 생각했다. 하나님의 손이 곧바로 임하여 우리가 같이 일할 수 있도록 역사하실 것이라고 믿었다. 그러나 우리 결혼생활이 힘든 폭풍우를 만났을 때 나는 더 이상 그 약속을 믿을 수 없었다. 하지만 그렇다고 해서 그 약속이 사라지게 그냥 두고 볼 수는 없었다.

우리가 좌절하게 된 이유는 우리의 자존심과 논쟁 때문이었다. 그러나 내 마음속에는 여전히 그것을 초월하고자 하는 생명의 씨앗이 남아 있었다. 그 약속은 힘들 때마다 의지할 수 있는 닻과 토대가 되었다. 그 결과, 하나님은 우리의 관계를 회복시켜주셨을 뿐만 아니라 이전보다 더욱 견고한 상태로 이끌어주셨다. 우리는 서로를 용서하고 시련을 통해 더 많은 것을 배움으로써 다툼 속에서 성장하였다. 우리는 지금 함께 목회하고 있다. 나는 아내가 나의 연인이며 가장 친한 친구이자 가장 신뢰할 만한 목사라고 생각한다. 나는 다른 어떤 사람보다도 그녀를 신뢰한다.

힘든 5년을 보내고 난 후에 나는 하나님께서 우리 두 사람 속에 존재하는 앙금을 다루고 계셨다는 것을 깨달았다. 우리의 결합을 통해서 그 앙금은 밝은 빛 속으로 그 정체를 드러냈다. 나는 결혼하기 전에 배우자에 대해 기도하고 하나님의 선택을 기다렸기 때문에, 다른 사람들이 결혼생활에서 겪는 문제들을 겪지 않을 것이라고 생각하고 있었다. 하지만 그것은 잘못된 생각이었다. 하나님은 그녀를 통해 내 속에 숨어 있던 이기적이고 미성숙한 면모를 드러내셨다.

어떤 사람들은 하나님을 믿으면서도 그분의 뜻에 거스르는 결혼을 하기도 한다. 그런 사람들이 하나님의 복을 받는 결혼생활을 영위하려면 우선 결혼하기 전에 그분의 뜻을 구하지 않은 것에 대해 회개해야 한다. 그리고 지금부터 그 결혼생활을 축복해달라고 간절히 기도해야 한다. 왜냐하면 결혼할 때 한번 실수했는데, 결혼하고 나서 다시 실수를 해서는 안 되기 때문이다. 실수했다고 해서 하나님의 언약을 깨는 것은 해결책이 될 수 없다. 회개한 후에 당신의 결혼생활을 위해 하나님의 말씀을 구하도록 하라. 그리고 가정에서 일어나는 여러 가지 시험에 지지 말고 맞서 싸움으로써 하나님의 언약을 지켜라. 어떠한 고난 속에서도 하나님의 말씀대로 살아간다면 어떤 부부든지 더 깊은 회복과 위로의 관계 속으로 들어가게 될 것이다.

어떤 고난과 역경을 겪더라도 하나님의 약속을 붙잡고 결혼 관계를 유지하라. 어떠한 고난 속에서도 하나님의 말씀대로 살아간다면 어떤 부부든지 더 깊은 회복과 위로의 관계 속으로 들어가게 될 것이다.

자유를 향한 묵상

1. 하나님께 충분히 기도하지 않은 채 결혼했다면 이 시간 주님 앞에 무릎을 꿇고 이제부터 결혼생활을 축복해달라고 기도하자.
   _____
   _____

2. 가정의 주인이신 하나님이 아니라 물질과 사람들을 통해 삶의 만족을 얻으려고 했던 적이 있는가? 아래 나열해놓은 것들 중에서 당신이 소중하게 여기는 것을 골라 체크해보자. 그리고 어떤 결과를 얻었는지 간략히 적어보자.
   ____ 돈: _____
   ____ 성공과 출세: _____
   ____ 힘과 권력: _____
   ____ 부와 재산: _____
   ____ 안정: _____
   ____ 사람들: _____
   ____ 기타: _____

3. 하나님이 주신 배우자에 대해 감사하고 그 상대를 더욱 잘 도울 수 있는 방법들을 나열해보자.
   _____
   _____
   _____

평생을 함께할 배우자를 위해 하나님께 기도하고 선택하자. 그리고 이미 선택했다면 앞으로의 결혼생활을 위해서 기도하자. 하나님께서 축복하시는 결혼은 어려운 시련이 와도 흔들리지 않고 견딜 수 있는 힘을 가지고 있다. 또한 시간이 지날수록 튼튼한 토대 위에서 더욱 건강하고 아름다워진다. 세속적인 명예와 물질은 가족이 주는 기쁨을 주지 못한다. 가족만이 평생을 함께할 수 있는, 하나님이 허락하신 의지할 만한 토대이다.

● 오늘 새롭게 깨달은 것은 무엇인가?
___
___
___

● 삶에 적용해보자.
1. ___
2. ___
3. ___

모든 사람은 결혼을 귀히 여기고 침소를 더럽히지 않게 하라 음행하는 자들과 간음하는 자들을 하나님이 심판하시리라. ▪히브리서 13:4

Day 9_

교회에서
상처받았을 때

이는 여호와의 집에 심겼음이여

우리 하나님의 뜰 안에서 번성하리로다

그는 늙어도 여전히 결실하며

진액이 풍족하고 빛이 청청하니

여호와의 정직하심과

나의 바위 되심과

그에게는 불의가 없음이 선포되리로다.

_시편 92:13-15

planted in the house of the LORD, they will flourish in the courts of our God. They will still bear fruit in old age, they will stay fresh and green, proclaiming, "The LORD is upright; he is my Rock, and there is no wickedness in him." _Psalms 92:13-15

상처가 생기는 것이 하나님의 뜻이든
그렇지 않든간에 교회에서도 늘 상처받는 사람들이 생긴다. 쉽게 상처받는 사람들은 교회의 리더들에게 문제가 있다고 생각되면 금방 실족한다. 목사의 설교가 마음에 들지 않아도, 목사가 너무 사교성이 없거나 반대로 너무 친근하게 굴어도 실망한다. 사람들이 상처받는 이유를 나열하자면 끝이 없다. 하지만 대부분의 경우 진짜 문제는 어려운 상황과 정면으로 맞서서 긍정적인 해결책을 찾거나 화해하기보다는 문제가 없는 곳을 찾아 쉽게 달아나버린다는 것이다.

어떤 사람들은 교회에서 교회로, 사역 팀에서 사역 팀으로 옮겨다니며 자신의 마음에 맞는 사람을 찾아보려고 노력한다. 사람들은 대개 교회 안에서 다른 이들이 인정해주거나 격려해주지 않으면 쉽게 상처를 받는다. 또한 함께하는 팀원들의 일처리방식이 마음에 들지 않아도 상처를 입는다. 상처받은 이들은 환경을 탓하고 리더의 자질 부족을 소리 높여 비난하지만, 정작 자신이 그것을 위해 어떻게 도움을 줄 수 있는지에 대해서는 대안을 내놓지 못하는 경우가 대부분이다. 이것은 교회에 갓 나오기 시작한 초신자들뿐만 아니라 신앙생활을 오래한 성도도 마찬가지다. 많은 사람들이 교회의 인간관계에서 실망하고 자존심에 상처를 입었다고 하지만 자신에게 그것을 해결할 수 있는 능력이 있다는 사실을 믿지 않는다.

이 세상에 흠이 없는 사람은 존재하지 않는다. 우리는 이 사실을 이성적으로는 알지만 정작 다른 사람의 흠을 발견하게 되면 감정적으로 받아들인다. 순간적으로 감정이 동요되고 부정적인 감정에 휩싸여 내적으로 상처받거나 밖으로 분노를 표출하기도 한다. 그리고 주변 사람들과 함께 문제를 해결하려 하지 않고 혼자서 마음의 문을 닫아버린다.

우리는 하나님이 일하시는 방식을 이해하지 못한다. 모든 시험이 끝난 후에야 하나님의 뜻을 짐작할 뿐이다. 그렇기 때문에 고통과 시련 속에서 단련하시는 하나님의 본심을 제대로 읽지 못하고, 우리에게 일어난 상황만을 보고 다른 사람을 비난하거나 아니면 자책감을 가진다. 이런 상황이 오면 하나님이 우리에게 주신 훈련의 기회로 받아들여야 한다. 성경의 많은 인물들을 관찰해보면, 하나님은 항상 고통 속에서 그들을 성장시키셨다.

하나님의 뜻이 명확하지 않을 때에는 상황을 바꾸지 말고 그 자리에 머물러야 한다. 그래야만 값진 열매를 맺을 수 있다. 진정한 신앙은 그 상황을 받아들이고 거기에 대응하는 방법을 찾는 것이다. 하나님은 우리를 연단하기 위해 특별한 상황을 허락하신다.

　뜨거운 햇볕에 오래 견딘 과일의 맛이 달고 영양가도 높듯이, 우리 역시 교회에서 상처받는 경우가 있다 할지라도 견뎌내며 하나님의 은혜 안에 거한다면 시련의 시기는 곧 지나갈 것이다. 우리를 지혜로 이끄시는 주님의 은혜를 믿고 따른다면 주님은 우리의 삶을 통해 풍성한 열매를 맺으실 것이다. 그 열매는 나만을 위한 것이 아니며, 흘러넘쳐서 주위 사람들에게까지 영향을 주는 희망의 메시지가 될 것이다.

하나님께서 우리의 성숙을 위해 허락하신 훈련의 장에서 훈련을 끝까지 마치지 않고 스스로 상처받아 그 환경으로부터 도망간다면, 우리는 하나님이 의도하신 영적 성숙과 인생의 가치 있는 열매를 결코 얻을 수 없다. 반대로 주님의 은혜를 믿고 신뢰하며 따른다면 주님은 우리의 삶을 통해 풍성한 열매를 맺으실 것이다. 그 열매는 흘러넘쳐서 주위 사람들에게까지 영향을 주는 희망의 메시지가 될 것이다.

자유를 향한 묵상

1. 교회를 옮기고 싶었던 적이 있었는가? 왜 그런 생각을 하게 되었는가? 그 일을 통해 해결하기를 원하시는 하나님의 뜻이 무엇인지 생각해보자.

   _____
   _____

2. 다니는 교회를 자꾸 바꾸었다면 그 이유는 무엇인지 모두 표시해보자.
   - ____ 다른 도시로 이사를 가서
   - ____ 교파를 바꾸어서
   - ____ 목사에게 상처받아서
   - ____ 교회 직원 때문에 마음이 상해서
   - ____ 평신도 지도자에게 상처받아서
   - ____ 교리가 나와 맞지 않아서
   - ____ 예배 양식에 동의할 수 없어서
   - ____ 기타: _____

3. 지금 다니는 교회에서 상처받거나 자존심 상하는 일 등이 생긴다면 교회를 떠나지 않고 해결할 수 있는 방법은 무엇인가? 자신만의 대안을 생각해보자.

   _____
   _____
   _____

하나님은 우리가 몸담고 있는 곳에서 고통과 시련의 훈련을 견디고 단련되기를 원하신다. 하나님께서 일부러 우리를 그곳으로 인도하셨는데, 우리가 상처받고 자꾸 도망간다면, 우리는 하나님이 의도하신 영적 성숙을 결코 이룰 수 없을 것이다. 하나님이 허락하신 지금 이곳에서 훈련을 잘 마치자.

● 오늘 새롭게 깨달은 것은 무엇인가?
_____
_____
_____

● 삶에 적용해보자.
1. _____
2. _____
3. _____

너희가 나를 택한 것이 아니요 내가 너희를 택하여 세웠나니 이는 너희로 가서 열매를 맺게 하고 또 너희 열매가 항상 있게 하여 내 이름으로 아버지께 무엇을 구하든지 다 받게 하려 함이라. ▪요한복음 15:16

Day 10_

자만심을 극복하기

그 때에는 그 소리가 땅을 진동하였거니와

이제는 약속하여 이르시되

내가 또 한 번 땅만 아니라 하늘도 진동하리라 하셨느니라

이 또 한 번이라 하심은 진동하지 아니하는 것을

영존하게 하기 위하여 진동할 것들

곧 만드신 것들이 변동될 것을 나타내심이라.

_히브리서 12:26-27

At that time his voice shook the earth, but now he has promised, "Once more I will shake not only the earth but also the heavens." The words "once more" indicate the removing of what can be shaken-that is, created things-so that what cannot be shaken may remain. _Hebrews 12:26-27

시몬 베드로는 예수님에 대해 넘치는 계시를 받았는지 모르지만 주님의 성품과 겸손한 마음을 따르지는 못했다. 그는 헛된 과거의 승리와 자만심으로 자신의 인생과 사명을 만들어가고 있었다. 사명의 집을 건축할 토대는 갖추었으나, 하나님 나라에 필요한 재료로 집을 짓는 것이 아니라 개인의 의지나 자만심으로 집을 짓고 있었던 것이다. 그는 자기도 모르게 자신의 지위가 달라지기를 기대하고 있었다.

베드로는 예수님의 말씀에 가장 적극적으로 반응하는 제자였다. 물 위를 걸었고, 예수님을 하나님의 아들이라고 고백했다. 예수님이 가시는 길에 언제나 다른 제자들보다 앞서서 따랐다. 하지만 이런 모습 속에 베드로가 단련되어야 할 점이 있었다. 바로 그의 자만심이었다.

베드로는 자신 안에 내재되어 있던 힘으로 움직였다. "모두 주를 버릴지라도 나는 결코 버리지 않겠나이다" 마 26:33라고 고백했을 때, 예수님께서는 "오늘 밤 닭 울기 전에 네가 세 번 나를 부인하리라"마 26:34는 말씀으로 응답하셨다. 그렇게 그의 자만심이 겸손으로 바뀌는 사건이 일어난 것이다.

베드로는 예수님이 말씀하신 대로 예수님을 세 번 부인했다. 언제나 앞서서 예수님께 나아갔던 그였기에 자신이 두려움에 압도당해 예수님을 부인했다는 사실이 믿어지지 않았을 것이다. 작고 약한 여종에게까지 거짓말했다는 사실에 더 절망적인 기분이 들었을지도 모른다. 그는 본래 지니고 있던 대담성과 자신감마저 잃어버렸다. 베드로는 예수님을 부인한 후, 곧 후회하며 견딜 수 없는 절망감과 고통을 겪어야 했다. 그는 깊은 회개를 통해 자신의 강한 의지나 자만심이 헛되고 부질없는 것이었음을 너무도 확실하게 깨달았다. 그후 베드로는 예전과 전혀 다른 사람이 되었다. 겸손한 사람으로 달라져 있었다.

베드로는 이 과정에서 자신이 가진 치명적인 약점을 깨달았을 것이다. 그리고 그로 인해 깊은 마음의 상처도 받았을 것이다. 하지만 베드로는 주님의 선하심을 믿고 있었다. 주님이 그에게 다가왔을 때 베드로는 온 마음으로 회개하고 주님을 받아들였다. 그의 마음속에 있던 인간적인 욕구와 혈기는 녹아 없어지고 하나님의 사랑을 실천하는 사람으로 변화되었다.

자만심은 그리스도 안에서 사명을 감당할 수 없게 만든다. 인간이 자만심을 버리지 않는다면 결국 실족하며 자멸하고 만다. 자만심은 하나님의 천사장이었던 루시퍼가 가지고 있던 치명적인 성격적 결함이었다. 자만심은 결국 루시퍼를 타락시켰다 겔 28:11-19. 그러나 베드로는 괴로운 시험 과정을 통과하고 하나님의 은혜를 받을 만한 완벽한 자격을 갖추게 되었다. 그래서 사람들에게 큰 영향을 미치는 존경받는 하나님의 사도로 세워졌다. 비록 자만심이라는 약점을 가지고 있었지만 예수님 곁에 머무름으로써 온전한 모습으로 회복되었다.

　우리 안에도 자만심이 있어서 앞으로 나아갈 수 없을 때가 있다. 자만심은 하나님의 관계뿐만 아니라 사람과의 관계를 망치기도 한다. 어떤 사람을 존경했다가도 곧 그의 약한 면을 발견하거나 자신이 불리해지는 상황이 되면 곧바로 그를 비난하고 존경하는 마음마저도 단번에 버린 적이 있을 것이다. 사람의 마음은 성숙하지 못해서 무엇이 옳은 것인지 판단하지 못할 때가 있다. 그러나 하나님이 만드신 그의 존귀함과 약점, 그리고 나의 존귀함과 약점을 인정한다면 자만심 대신 겸손함을 가지게 될 것이다.

자만심은 그리스도 안에서 온전하게 사명을 감당하지 못하도록 만든다. 자만심을 버리지 않는다면 결국 자멸하게 된다. 사람의 마음은 성숙하지 못해서 무엇이 옳은 것인지 판단하지 못할 때가 있다. 하나님이 만드신 그의 존귀함과 약점, 그리고 나의 존귀함과 약점을 인정한다면 자만심 대신 겸손함을 가지게 될 것이다.

자유를 향한 묵상

1. 하나님께서 당신의 인생을 흔드시는 까닭은 특별한 목적이 있기 때문이다. 하나님께서 당신의 삶을 흔들고 계신다면, 어떤 목적 때문인지 생각을 써보자.

   _____
   _____

2. 다음은 하나님께서 당신 인생에서 뿌리뽑으려고 하시는 세속적인 것들이다. 요한1서 2장 15-17절을 읽은 후, 당신이 어디에 해당하는지 빈칸 위에 표시해보자.

   ↳ 육신의 정욕

   (이미 흔드셨다) _____ (흔드셔야 한다)

   ↳ 안목의 정욕

   (이미 흔드셨다) _____ (흔드셔야 한다)

   ↳ 물질과 명예의 자랑

   (이미 흔드셨다) _____ (흔드셔야 한다)

3. 위에서 당신이 제거하고 깨끗해져야 할 것은 무엇인지 적은 다음, 그것을 극복하기 위한 방법을 적어보자.

   _____
   _____

시몬 베드로는 '반석'이라 불렸고 예수님이 살아계신 하나님의 아들이심을 고백했다. 그러나 지상에서 예수님의 임무가 끝나갈 무렵 자신이 그리스도의 성품과 겸손한 마음을 따르고 있지 않다는 것을 깨달았다. 과거의 승리와 자만심에 기대어 개인적인 목표와 사명을 만들어가고 있었던 것이다. 사도 바울은 그리스도의 기초 위에 '어떻게' 집을 지을지 잘 살펴야 한다고 우리에게 경고했다. 이기심과 자만심에 뿌리를 둔 생각(혹은 태도)은 시험의 과정을 통해 깨끗이 제거될 것이다.

● 오늘 새롭게 깨달은 것은 무엇인가?
_____
_____

● 삶에 적용해보자.
  1. _____
  2. _____
  3. _____

젊은 자들아 이와 같이 장로들에게 순종하고 다 서로 겸손으로 허리를 동이라 하나님은 교만한 자를 대적하시되 겸손한 자들에게는 은혜를 주시느니라.
■ 베드로전서 5:5

영적 우울증

　　　　　　　　　　엘리야는 150킬로미터쯤 떨어진 브엘세바로 가서 광야로 들어가 로뎀나무 아래 쓰러졌다. 그리고 이렇게 기도했다. "지금 저를 죽여주십시오."

　그는 어제의 기세당당한 모습은 다 버리고 하나님 앞에 죽기를 구했다. 이는 심각한 우울증에 빠졌다는 의미다. 하나님께서 위대하게 쓰신 많은 사람들이 고독과 외로움을 경험한다.

　엘리야는 포악한 이세벨이 자신을 죽이려 한다는 말에 두려움을 느꼈다. 당장이라도 붙잡힐 것만 같았다. 그래서 있는 힘을 다해 도망쳤다. 850명의 이방 선지자들을 상대로 싸움을 벌이고 혼자 몸을 이끌고 죽음의 공포를 피해 광야 로뎀나무 아래까지 왔으니 지칠 대로 지쳤을 것이다.

　깊은 절망감에 빠져 있는 엘리야에게 하나님의 천사가 나타나 음식을 먹으라고 했다. 엘리야는 준비된 음식을 먹고 푹 잤다. 하나님은 엘리야에게 음식과 수면이 필요했음을 아셨다.

사탄은 우리의 육체가 피곤할 때 집중적으로 공격한다. 피곤에 찌든 영혼에게 하나님을 보지 말고 지친 자신의 육체를 보라고 한다. 위를 보지 말고 자신을 보라고 한다. 끊임없이 "너는 무능력해", "너는 쓸모없는 존재야", "너는 혼자야", "아무도 너 같은 건 신경 쓰지 않아."라고 거짓을 속삭인다. 이런 사탄의 거짓말에 넘어가 자학하기 시작하면 자기 연민이라는 바다에 푹 빠져 죽고 싶은 욕구까지 생긴다. 남아프리카의 잰 크리스찬 스머츠 장군은 이렇게 말했다. "사람은 결코 외부의 적에게 패배당하는 것이 아니다. 먼저 나 자신에게 패배당하는 것이다."

실패감, 절망감이 밀려오면 잘 먹고 푹 쉬는 시간을 가지라. 예수님의 제자들은 잘 먹었다. 예수님도 자주 잔치에 가셨다. 미식가가 되라는 말이 아니다. 무엇을 먹든 즐겁게 잘 먹으라는 것이다. 운동을 하지 않는 사람은 규칙적으로 운동을 하라. 몸이 건강해지면 의욕도 생기고 열정도 생긴다. 할 수만 있다면 매일 아침 자연 속에서 조깅을 하라. 자연은 바라만 보아도 휴식이 된다. 게다가 자연에는 하나님의 섭리가 담겨 있다. 자연 속을 달리면서 하나님과 대화를 나누라. 또한 바쁜 일상에서 잠깐이라도 벗어나 다윗이 노래한 푸른 초장과 쉴 만한 물가를 찾으라. 우리 영혼의 목자가 계시는 그 물가에서 지친 몸과 영혼에 활력을 얻으라.

김원태, 《지금 내게 필요한 은혜 회복》

하나님은 우리가 마주치게 될 모든 어려움을 이미 꿰뚫어보시고
그것을 피할 수 있는 미리 계획된 정확한 길을 마련해놓으셨습니다.
시련을 허락하신 하나님이 당신에게 큰 복을 주시려고 기다리고 계십니다.

* 존 비비어, 《존 비비어의 관계》

2부

상처를 해결하는 하나님의 지혜

Day 11 _ 또 다른 상처를 만들지 않기 위해
Day 12 _ 견고한 진을 파하라
Day 13 _ 신실한 하나님의 사람도 연단받는다
Day 14 _ 어떻게 원수를 갚을 것인가?
Day 15 _ 언제까지 억울해할 것인가?
Day 16 _ 기대로 인해 실족하지 않는 방법
Day 17 _ 모든 사람을 만족시키는 방법
Day 18 _ 비판적인 시각에서 자유롭게 되기
Day 19 _ 상처입은 사람에게 용서를 구하는 법
Day 20 _ 용서한 후 어떻게 해야 할까?

Day 11_

또 다른 상처를
만들지 않기 위해

이는 너희 믿음의 시련이

인내를 만들어내는 줄 너희가 앎이라

인내를 온전히 이루라

이는 너희로 온전하고 구비하여

조금도 부족함이 없게 하려 함이라.

_야고보서 1:3-4

because you know that the testing of your faith develops perseverance, perseverance must finish its work so that you may be mature and complete, not lacking anything. _James 1:3-4

마음에 상처를 안고 있으면 과도하게 자기를 보호하려는 심리가 생긴다. 그런 태도는 자신의 인격적 결함을 보지 못하게 만든다. 다른 사람을 비난하느라 자신의 미성숙함을 볼 수 없기 때문이다. 상처준 사람만을 바라보면, 자신의 실수와 인격적 결함을 똑바로 보지 못하게 된다. 결국 상처와 실족한 마음을 제대로 해결하지 못하면 모든 것을 '상처' 라는 색안경을 통해 바라보게 된다.

나무가 자라기 위해서는 비와 바람, 빛이 필요하다. 비 맞는 것이 안타깝다고 우산을 씌워주면 나무는 더 이상 자랄 수 없다. 물론 사랑과 보호, 따뜻한 배려도 필요하지만 자연스럽게 다가오는 고난과 도전은 우리를 더 성숙하게 만든다. 하나님은 상처 또한 성장의 거름으로 사용하시기 때문이다.

나는 목회자의 일을 돕다가 상처를 입은 한 청년을 만나게 되었다. 나는 다른 어떤 것보다 그의 마음이 회복되기를 바라는 심정으로 함께 사역을 하면서, 세심하게 배려하고 특별히 관심을 쏟으며 보살피려고 노력했다. 하지만 안타깝게도 그는 예전과 비슷한 일로 또다시 상처를 받았다. 그는 나를 떠나면서 "목사님, 다시는 목사들을 위해 일하지 않을 겁니다."라고 말했다. 그는 이전의 문제를 극복하지 못했고 그 문제가 계속 그를 괴롭혔다. 그는 심지어 내게 와서 내가 이전에 자신이 섬기던 리더와 똑같은 문제를 갖고 있다고 비난했다. 무엇보다 마음이 아팠던 것은, 그가 그만둔 바로 그 일이 그가 하고 싶어했던 인생의 소명이었다는 점이다. 나는 상처를 치료하지 못해서 자신의 소명을 포기해버린 그 청년이 안타까웠다.

그가 상처받은 마음 때문에 왜곡된 시각을 갖게 되었다는 사실을 인식하고 있었다면 똑같은 문제로 교회를 떠나지는 않았을 것이다. 그는 늘 똑같은 문제가 발생하지 않을까 불안해했고, 조금이라도 비슷한 상황이 발생하면 과민하게 반응하는 자신의 상태를 명확하게 인식하지 못했다. 그가 과거와 같은 상황에 직면했을 때 과거와 다르게 반응했다면 상황은 다른 방향으로 전개되었을 것이다.

상처받은 사람은 다시는 같은 상처를 받지 않으려고 자신을 과도하게 보호하고, 다른 사람에게는 과민하게 반응한다. 그래서 또다시 상처를 받게 되고 그 상처 때문에 또 다른 상처를 받게 되는 악순환이 계속되면서 자신과 타인을 괴롭게 만든다.

예수님은 우리의 상처를 치료하고 싶어하신다. 하지만 우리는 때로 주님의 치료를 거부할 때가 있다. 그 대신 여러 가지 핑계로 자기를 합리화하고 주변 환경이나 사람들을 비난하는 쪽을 선택한다. 그러나 상처를 치료하기 위해서는 과거와 결별해야 하며 강한 용기와 인내가 필요하다. 상처는 무조건 나쁜 것이고 내 삶에 일어나서는 안 되는 일이라고 생각하지 말고, '아, 또 같은 상황이 벌어졌구나. 이번에는 예전과는 다르게 좀 더 초연하게 반응하자.' 라고 생각하자. 그래서 상처에 상처를 쌓아올리는 악순환을 끊어버리자. 하나의 상처를 잘 처리하면 그 다음부터는 더 쉽다. 그리고 과거의 상처가 떠오를 때마다 재빨리 하나님의 따뜻한 사랑을 떠올리는 것이다. 그러면 과거의 응어리와 원망이 차지하고 있던 마음의 자리를 하나님의 사랑이 차지하게 될 것이다.

마음에 상처를 안고 있으면 과도하게 자기를 보호하려는 심리가 생긴다. 그런 태도는 자신의 인격적 결함을 보지 못하게 만든다. 다른 사람을 비난하느라 자신의 미성숙함은 볼 수 없기 때문이다. 나무가 자라기 위해서는 비와 바람, 빛이 필요하다. 우리 역시 사랑과 보호, 따뜻한 배려도 필요하지만 자연스럽게 다가오는 고난과 도전을 이겨냄으로써 우리는 더 성숙해진다.

자유를 향한 묵상

1. 당신이 자주 상처를 받았던 상대는 누구인가? 해당란에 표시하고 상처받은 이유를 적어보자.

   _____ 부모: _____
   _____ 형제: _____
   _____ 선생님: _____
   _____ 친구들: _____
   _____ 직장 동료들: _____
   _____ 직장 상사: _____
   _____ 정치가: _____
   _____ 기타: _____

2. 살아가면서 반복되는 상처를 받는 경우는 언제인지 적어보고, 그 이유가 무엇인지 적어보자.

   _____
   _____

3. 다른 사람에 대한 비난대신 용서하고 사랑하는 마음을 품는 것이 왜 어려운지 적어보자.

   _____
   _____

우리는 똑같은 상황에서 상처를 받는다. 그것은 우리가 다시는 같은 상처를 받지 않으려고 과민하게 반응하기 때문이다. 따라서 상처준 사람을 비난하거나 상처 받지 않으려고 너무 과민하게 반응하는 행위를 멈추어야 한다. 상처준 사람을 용서한 후 다른 사람에 대한 편견을 버리면 같은 상황은 재발하지 않는다.

● 오늘 새롭게 깨달은 것은 무엇인가?
_____
_____
_____

● 삶에 적용해보자.
1. _____
2. _____
3. _____

너희에게 인내가 필요함은 너희가 하나님의 뜻을 행한 후에 약속하신 것을 받기 위함이라. ▪히브리서 10:36

Day 12_

견고한 진을 파하라

우리의 싸우는 무기는

육신에 속한 것이 아니요

오직 어떤 견고한 진도 무너뜨리는

하나님의 능력이라

모든 이론을 무너뜨리며

하나님 아는 것을 대적하여

높아진 것을 다 무너뜨리고

모든 생각을 사로잡아

그리스도에게 복종하게 하니.

_고린도후서 10:4-5

The weapons we fight with are not the weapons of the world. On the contrary, they have divine power to demolish strongholds. We demolish arguments and every pretension that sets itself up against the knowledge of God, and we take captive every thought to make it obedient to Christ. _2 Corinthians 10:4-5

옛날에는 성벽이 있었다. 성벽은 도시를 안전하게 지켜주며 말썽 피우는 주민을 성 밖으로 내쫓아 치안을 유지해주는 기능을 했다. 또한 견고한 성벽을 이용하여 적의 침입을 효과적으로 막았다. 그래서 외부세력이 이 성벽을 넘어 도시 전체를 정복하기란 아주 어려운 일이었다. 그런데 상처받은 사람에게 다가가는 일은 성벽으로 방비를 강화한 도시를 정복하는 일보다 더 어렵다.

우리는 마음을 다치면 또다시 상처받지 않기 위해 우리 주변에 단단한 벽을 쌓는다. 상처받는 상황으로부터 자신을 보호하려고 스스로 벽을 쌓는 것이지만, 안타깝게도 그렇게 하면 주변 사람들과 나누던 친밀하고 깊은 관계도 끊어진다. 벽을 쌓은 사람은 자신의 상처에만 몰두하기 때문에 점점 내성적인 성격으로 변하게 된다. 또한 자신의 권리를 지키는 데 급급하고 인간관계를 맺는 데에도 지나치게 조심해진다. 그러다 보면 점점 더 고립된다. 게다가 중요한 곳에 사용해야 할 에너지를 상처받지 않으려고 발버둥치는 데에 쏟아붓는다. 상처를 처리하지 않고 계속 쌓아두는 것은 아주 치명적이어서 결국에는 우리를 영적인 죽음에 이르게 한다.

상처를 피하고자 마음에 벽을 쌓은 사람들은 자신을 변호하고 타인의 접근을 막기 위해 이미 존재하는 벽 위에 벽돌을 하나씩 더 쌓아올린다. 자신이 세운 성벽에 숨어 있을 때 생기는 가장 끔찍한 일은 하나님에 대해 오해하게 되는 일이다. 성 안에 숨어 있으면 밖에서 어떤 일이 일어나는지 정확히 알 수 없다. 사람들뿐만 아니라 하나님마저도 좁은 문틈을 통해 바라보기 때문에 모든 것을 오해하기 시작한다. 상처받아 왜곡된 시각으로 하나님을 생각하고 그분의 은혜를 오해하고 거부하게 된다. 하나님은 밖에서 당신의 문을 두드리고 계시지만, 당신이 걸어 잠근 문을 스스로 열기 전까지는 들어오실 수 없다.

우리가 하나님을 외면하게 되면 그분의 진실성마저 의심하게 된다. 하나님을 알고자 하는 열정도 사라진다. 하나님과 분리된 채 한정된 사람들과의 관계를 통해 얻은 지식을 기준으로 하나님을 판단하기 때문에, 그분의 선하심과 성실하심을 의심하게 되는 것이다.

생명은 물과 같아서 흐르지 못하고 정체되어 있으면 썩고 만다. 이것은 자연뿐만 아니라 우리 안의 생명의 원리에도 똑같이 적용된다. 상처입은 사람들은 점점 더 자기 중심적으로 변하고 자기만족을 추구하게 된다. 우리가 스스로 고립되어 있지 않고 "즐거워하는 자들과 함께 즐거워하고 우는 자들과 함께 울라" 잠 12:15는 말씀대로 사람들과 더불어 위로하고 사랑을 주고받을 때 삶은 풍요로워지고 몸과 마음도 건강해진다.

    당신이 더 이상 상처받지 않고, 또한 과거의 상처에서 벗어나고 싶다면 사람들 사이로 들어가 그들의 모습을 지켜봐라. 그들도 상처받았지만 용기를 내어 사람들과 함께 슬픔과 기쁨을 나누고 있다는 사실을 알게 될 것이다. 당신뿐만 아니라 모든 사람들이 상처받고 힘들어하지만 다시 웃으며 살아간다. 상처의 아픔이 기억날 때마다 하나님께 그 아픔을 털어놓고 기도하라. 그리고 당신과 같이 상처받은 사람에게 다가가 그들을 위로하고 하나님의 사랑을 보여줘라. 하나님의 분명한 약속은 우리가 하나님의 계명을 따르면 '우리에게 위대한 승리를 안겨주리라' 는 것이다.

우리는 마음을 다치면 또다시 상처받지 않으려고 우리 주변에 단단한 벽을 쌓는다. 상처받는 상황으로부터 자신을 보호하려고 스스로 벽을 쌓으면 주변 사람들과 나누던 친밀하고 깊은 관계도 끊어진다. 과거의 상처에서 벗어나고 싶다면 사람들 사이로 들어가라. 그들과 더불어 살면서 서로 위로하고 사랑을 주고받을 때 삶은 풍요로워지고 몸과 마음도 건강해진다.

자유를 향한 묵상

1. 주변에 마음의 성벽을 쌓은 사람이 있는가? 그런 사람에게 우리는 어떤 위로를 줄 수 있을까?

   _____
   _____
   _____

2. 다음 문항을 읽고, 자신에게 해당되는 태도에 표시해보자.
   - 벽을 쌓고 그 안에 틀어박혀 편협한 인간관계를 맺는다. _____
   - 남에게 마음을 열지 않고 상처받기를 두려워한다. _____
   - 내게 상처를 줄 만한 사람과는 어울리지 않는다. _____
   - 내게 빚진(상처준) 사람에게 마음의 문을 쉽게 열지 않는다. _____
   - 확실하게 내 편이라고 생각되는 사람과만 어울린다. _____

3. 만약 당신의 내면에 높이 쌓아올린 상처의 벽이 있다면 그것을 허물어달라고 하나님께 기도해보자.

   _____
   _____

우리는 깊은 상처를 받으면 다시는 그런 상처를 받지 않으려고 방어벽을 높이 쌓아올린다. 그러나 상처받을 각오를 하지 않으면 사람들과 사랑을 주고받을 수 없다. 나의 상처는 하나님께 내어놓아 비워버리고 다른 사람의 상처는 먼저 다가가 위로하자. 그러면 하나님께서 더욱 풍요롭고 진실한 사랑의 관계를 허락하실 것이다.

● 오늘 새롭게 깨달은 것은 무엇인가?
_____
_____
_____

● 삶에 적용해보자.
1. _____
2. _____
3. _____

나의 교훈과 행실과 의향과 믿음과 오래 참음과 사랑과 인내와 박해를 받음과 고난과 또한 안디옥과 이고니온과 루스드라에서 당한 일과 어떠한 박해를 받은 것을 네가 과연 보고 알았거니와 주께서 이 모든 것 가운데서 나를 건지셨느니라. ■디모데후서 3:10-11

Day 13_

신실한 하나님의 사람도 연단받는다

하나님이 생명을 구원하시려고

나를 당신들보다 먼저 보내셨나이다…

하나님이 큰 구원으로 당신들의 생명을 보존하고

당신들의 후손을 세상에 두시려고

나를 당신들보다 먼저 보내셨나니

그런즉 나를 이리로 보낸 이는

당신들이 아니요 하나님이시라.

_창세기 45:5, 7-8

And now, do not be distressed and do not be angry with yourselves for selling me here, because it was to save lives that God sent me ahead of you. But God sent me ahead of you to preserve for you a remnant on earth and to save your lives by a great deliverance. So then, it was not you who sent me here, but God. He made me father to Pharaoh, lord of his entire household and ruler of all Egypt. _Genesis 45:5, 7-8

이집트에 노예로 팔려 가서 감옥에서 괴로운 나날을 보내던 요셉은 자신이 이집트의 통치자가 되리라고는 꿈도 꾸지 못했을 것이다. 그러나 하나님은 당신의 계획을 실현시키려고 온갖 시련을 통해 요셉을 단련하고 계셨다. 하나님은 우리의 인생에도 특별한 계획을 가지고 계신다. 당신은 그 사실을 믿는가?

하나님만이 인간의 운명을 결정하실 수 있다. 그리고 어떤 인간도, 심지어 사탄도 하나님이 계획하신 일을 방해하지 못한다. 요셉의 형들은 하나님이 요셉에게 계획하신 일을 자신들이 망쳤다고 생각했지만, 그것은 잘못된 생각이었다. 누구도 하나님의 계획을 방해할 수 없다. 요셉은 형들과 재회했을 때, 자신을 이집트로 팔아넘긴 것은 형들의 잘못이 아니라 하나님의 계획이었다는 사실을 일깨워주었다. "하나님이 큰 구원으로 당신들의 생명을 보존하고 당신들의 후손을 세상에 두시려고 나를 당신들 앞서 보내셨나니 그런

즉 나를 이리로 보낸 자는 당신들이 아니요 하나님이시라 하나님이 나로 바로의 아비를 삼으시며 그 온 집의 주를 삼으시며 애굽 온 땅의 치리자를 삼으셨나이다"창 45:7-8. 하나님은 우리가 고난과 상처를 통해 단련되기를 기다리신다.

우리는 하나님의 선하신 계획이 우리 삶에 예비되어 있다는 이야기를 많이 들어왔다. 삶이 우리가 생각하는 방법이나 방향과 다르게 진행될 수도 있지만 우리를 향한 하나님의 계획은 완전하다.

하나님은 이스라엘 백성들을 애굽인의 속박에서 자유롭게 하여 약속의 땅으로 인도하시기 위해 인도자 모세를 보내셨다. 모세는 사막에서 한 해를 보낸 후에 정탐꾼들을 보내 그 약속의 땅을 돌아보게 했는데, 그들 중 대부분은 돌아와서 불평을 늘어놓았다. 그들은 자기들보다 더 크고 강한 군대로 무장한 이방인들을 보고 두려워했던 것이다. 여호수아와 갈렙을 제외하고 모든 백성들이 부정적인 정보를 주는 정탐꾼들의 말에 동조했다. 이스라엘 백성들은 하나님께서 자신들을 죽게 하려고 그곳으로 인도하셨다고 생각하며 모세와 하나님을 원망했다. 그 세대의 이스라엘 백성들은 이처럼 시험을 이겨내지 못하고 실족하여 결국 하나님이 약속하신 땅에 들어가지 못했다.

하나님의 신실한 종인 다윗도 이스라엘의 왕으로 세워지기 전까지 끔찍한 연단의 세월을 보내야 했다. 자신과 가까이 지냈던 사울 왕에게 목숨을 빼앗길 위기를 수차례 겪으면서 오랜 세월 동안 죄인으로 쫓기는 신세를 견디어야 했다. 현 시대에도 많은 사람들이 신실하게 하나님을 믿고 있음에도 불구하고 악한 사람들이나 미숙한 그리스도인들에게 휘말려 어려운 상황에 빠진다. 우리에게 당면한 문제는, 지난 역사 속에서도 계속되어왔던 것처럼 이러한 상황이 벌어질 때마다 우리가 하나님을 원망하며 사탄의 함정에 미혹되는 것이다.

고통스러운 상황이 벌어질 때마다 다른 사람이나 하나님을 원망할 것인가, 아니면 동요하지 않고 침착하게 인내하며 그 상황이 지나가기를 기다릴 것인가, 둘 중에 한 방법을 선택하는 것은 우리의 몫이다. 우리가 해야 할 일은 신실한 하나님의 종도 연단받는다는 사실을 기억하며, 이 연단의 시기에 실족하지 않고 잘 견디는 것이다. 또한 하나님이 우리에게 계획하신 목적을 잘 이루시도록 기도하는 것이다.

하나님만이 인간의 운명을 결정하신다. 그리고 어떤 인간도, 심지어 사탄도 하나님이 계획하신 일을 훼방하지 못한다. 우리가 해야 할 일은 신실한 하나님의 종도 연단을 받는다는 사실을 기억하며, 이 연단의 시기에 실족하지 않고 잘 견디는 것이다. 그리고 하나님이 우리에게 계획하신 목적을 잘 이루시도록 기도하는 것이다.

자유를 향한 묵상

1. 지난해 당신이 부딪혔던 가장 큰 문제는 무엇이었는지 한 문장으로 적어보자. 그 상황 속에서 새롭게 깨달은 것은 무엇인가? 그 상황이 준 교훈을 적어보자.

   _____
   _____
   _____

2. 창세기 45장 5-8절과 시편 105장 16-17절을 읽고, 하나님께서 요셉을 이집트로 보내시어 온갖 시련과 고난을 겪게 한 이유를 모두 적어보자.

   ↳ 하나님은 요셉을 이집트로 보내시어 _____ 하게 하셨다(창 45:5).

   ↳ 하나님은 요셉을 이집트로 보내시어 _____ 하게 하셨다(창 45:7).

   ↳ 하나님은 요셉을 이집트로 보내시어 _____ 하게 하셨다(창 45:8).

   ↳ 하나님은 요셉을 이집트로 보내시어 _____ 하게 하셨다(시 105:16-17).

3. 고통 속에서 다른 사람이나 하나님을 원망하지 않고, 겸손하게 인내하며 연단을 잘 견딜 수 있는 믿음과 인내심을 달라고 하나님께 기도하자.

우리의 삶이 우리의 꿈과 다르게 진행될지라도 하나님이 반드시 이루어주실 것을 믿고 성실하게 인내하며 기다리자. 하나님이 요셉의 인생을 이끄셨던 것처럼 우리의 인생을 이끄셔서 하나님이 심어주신 꿈을 이루어주실 것이다.

● 오늘 새롭게 깨달은 것은 무엇인가?

● 삶에 적용해보자.
   1.
   2.
   3.

무릇 징계가 당시에는 즐거워 보이지 않고 슬퍼 보이나 후에 그로 말미암아 연단받은 자들은 의와 평강의 열매를 맺느니라. ■히브리서 12:11

Day 13 _ 신실한 하나님의 사람도 연단받는다

Day 14_

어떻게 원수를
갚을 것인가?

내 사랑하는 자들아

너희가 친히 원수를 갚지 말고

하나님의 진노하심에 맡기라

기록되었으되

원수 갚는 것이 내게 있으니

내가 갚으리라고 주께서 말씀하시니라.

_로마서 12:19

Do not take revenge, my friends, but leave room for God's wrath, for it is written: "It is mine to avenge; I will repay," says the Lord. _Romans 12:19

성경의 인물 중 리더를 가장 잘 섬겼던 인물은 다윗일 것이다. 자신을 죽이려는 사울 왕으로부터 도망다니면서도 끝까지 배신하지 않았던 다윗의 충성은 대단한 것이었다. 반면 다윗의 부하인 아비새는 다윗과 같은 덕목을 갖추지 못했다.

다윗과 아비새가 사울의 진영에 숨어들어갔을 때 사울은 잠들어 있었다. 아비새는 "하나님께서 오늘 원수를 당신의 손에 넘기셨으니, 이 창으로 그를 단번에 땅에 박아놓겠습니다. 두 번 찌를 것도 없습니다!"라고 다윗에게 촉구하였다. 아비새는 다윗이 당연히 허락할 것이라고 생각했다. 그런데 사무엘상 26장 9-11절을 보면 다윗이 아비새에게 뭐라고 말했는지 알 수 있다. "죽이지 말라 누구든지 손을 들어 여호와의 기름부음 받은 자를 치면 죄가 없겠느냐 여호와께서 살아계심을 두고 맹세하노니 여호와께서 그를 치시리니 혹은 죽을 날이 이르거나 또는 전장에 나가서 망하리라." 다윗에게는 원수인 사울 왕을 죽일 만한 이유도, 죽일 수 있는 기회도 충분히 있었지만 그를 해치지 않았다.

사실 하나님은 사울과 다윗의 관계를 통해 다윗의 마음을 시험하셨다.^{삼상 24:6-7} 다윗이 자신의 왕국을 세우기 위해 사울을 죽일지, 아니면 하나님께서 왕좌를 마련해주실 때까지 기다릴지를 보고 싶으셨던 것이다. 즉 하나님께서 직접 세우신 왕을 다윗이 어떠한 경우에라도 따르고 순종하는지 보기 원하셨다. 하나님의 선택은 옳았고 다윗은 시험을 멋지게 통과했다. 다윗은 자신을 죽이려고 한 사울 왕을 자신의 왕으로 존중하고 섬겼다. 다윗은 사울이 죽었을 때 그를 위해 조가를 지어 불렀고 진정으로 애도했다. 다윗은 하나님의 계획을 믿었고 그분이 세운 왕을 섬기라는 하나님의 명령과 인도에 순종하였다.

사람들은 누군가에게 쫓겨 도망다니는 것을 비굴한 짓이라고 생각할지도 모른다. 하지만 누가 분쟁이나 불행을 피하여 도망다니는 다윗을 비겁하다고 말할 수 있는가? 그에게는 하나님이 세운 사람을 존중하고 하나님이 원하지 않는 일을 하지 않겠다는 굳은 다짐이 있었다.

오늘날 성도들은 서로 분열하고, 가정은 해체되며, 결혼생활이 파탄나고, 순수한 사랑은 사라지고 있다. 가까운 친구나 가족, 지도자들은 신랄한 독설로 친밀하게 지내야 할 주변 사람들을 아프게 한다. 특별히 상처가 심한 사람일수록 더욱 가시 돋친 말로 적의와 분노를 퍼붓는다. 설령 그들의 말이 틀림없는 사실일지라도, 거기에서 느껴지는 미움과 원망의 감정이 우리에게 치명적인 상처를 준다. 그럼에도 우리는 이러한 사람들을 그냥 놓아두어야 한다.

로마서 12장 19절에 "내 사랑하는 자들아 너희가 친히 원수를 갚지 말고 하나님의 진노하심에 맡기라 기록되었으되 원수 갚는 것이 내게 있으니 내가 갚으리라고 주께서 말씀하시니라"고 기록되어 있다. 사람들의 죄를 심판하고 원수를 갚는 권한은 우리에게 없다. 다만 우리는 우리 자신이 심판받을 상황이 되지 않도록 노력하는 것이 최선이다.

로마서에 "네 원수가 주리거든 먹이고 목마르거든 마시게 하라 그리함으로 네가 숯불을 그 머리에 쌓아놓으리라" 롬 12:20는 말씀이 있다. 우리는 선한 행위를 그 사람의 머리에 쌓아놓아야 한다. 악한 일에 휘말려서 같이 악을 범하는 우를 피하고 오히려 선을 행함으로 악을 이겨야 한다. 그것이 진정 하나님의 뜻이다. 우리가 하나님의 뜻을 행하면 하나님께서 놀라운 방법으로 모든 일을 선하게 이루실 것이다.

다윗은 자신을 학대하고 평생 죽이려고 한 사울 왕을 용서하기로 선택했다. 다윗은 하나님의 계획을 믿었고 그분이 세운 왕을 섬기라는 하나님의 명령과 인도에 순종하였다. 다윗은 하나님이 주신 사람들을 섬기고 존중하는 일이 자신의 일임을 받아들였다. 이와 같이 하나님의 사람은 하나님이 가장 적합한 때에 그분의 계획대로 모든 일을 이루실 것을 믿는다.

자유를 향한 묵상

1. 다윗의 태도는 당신에게 어떤 메시지를 주는가? 다윗의 이야기를 통해 깨달은 것은 무엇인가?

   _____
   _____
   _____

2. 다음 문장을 완성해보자.
   ↳ 다윗은 사울을 _____ 게 대하였다.
   ↳ 다윗은 사울에게 복수하기보다는 _____ 하였다.

3. 아무리 노력해도 도저히 용서가 안 되고 마음에 남아 있는 것이 있다면 이제부터 하나님께 모든 것을 믿고 맡기자. 내 삶의 원수를 하나님께서 갚아주실 것을 믿고 마음의 짐을 털어버리겠다는 결심을 하자.

   _____
   _____
   _____

우리는 우리에게 너무 가혹한 처우를 한 사람을 도저히 용서할 수 없을 때가 있다. 하지만 그 일을 해결해주시는 분은 하나님이다. 우리의 힘으로 해결하는 것을 하나님은 원하지 않으신다.

● 오늘 새롭게 깨달은 것은 무엇인가?
_____
_____
_____

● 삶에 적용해보자.
1. _____
2. _____
3. _____

또 여호와의 구원하심이 칼과 창에 있지 아니함을 이 무리에게 알게 하리라 전쟁은 여호와께 속한 것인즉 그가 너희를 우리 손에 넘기시리라.
▪ 사무엘상 17:47

Day 15_

언제까지
억울해할 것인가?

너는 네 백성 중에 돌아다니며

사람을 비방하지 말며

네 이웃의 피를 흘려 이익을 도모하지 말라

나는 여호와이니라

너는 네 형제를 마음으로 미워하지 말며

네 이웃을 반드시 견책하라

그러면 네가 그에 대하여 죄를 담당하지 아니하리라.

_레위기 19:16-17

Do not go about spreading slander among your people. Do not do anything that endangers your neighbor's life. I am the LORD. Do not hate your brother in your heart. Rebuke your neighbor frankly so you will not share in his guilt.
_Leviticus 19:16-17

구약 시대에는 누군가에게 해를 입으면 똑같이 갚아줄 수 있는 법적인 권리가 있었다. 눈에는 눈 이에는 이로 갚을 수 있었다 레 24:19-20; 출 21:23-25. 하지만 신약 시대에 예수님께서 이 말씀을 새롭게 하셨다. "또 눈은 눈으로, 이는 이로 갚으라 하였다는 것을 너희가 들었으나 나는 너희에게 이르노니 악한 자를 대적하지 말라 누구든지 네 오른편 뺨을 치거든 왼편도 돌려 대며" 마 5:38-39. 예수님은 우리가 원수 갚는 일로 상처가 깊어지고 그 상처가 계속적으로 파급되는 것을 원치 않으셨다. 그래서 우리가 배반당할지라도 기꺼이 용서하고 복수하려는 마음을 완전히 버려야 한다고 말씀하셨다.

나는 플로리다 주의 탐파에 있는 한 교회에서 '실족하게 하는 일'을 주제로 설교한 적이 있다. 그때 만난 한 부인은 자신이 남편을 용서했다고 믿고 있었다. 하지만 예배를 드린 후, 마음속 깊숙한 곳에서 불편함이 몰려오는 것을 느꼈다고 고백했다. 나는 그녀의 이야기를 들은 후 "부인은 여전히 그를 용서하지 못하고 있습니다."라고 부드럽게 말했다. "아니에요. 전 용서했어요. 전 그를 용서하며 눈물을 흘리기까지 했는걸요." 하지만 눈물이 용서의 증거는 아니다. "저는 제 남편과 같이 목회를 했어요. 그런데 남편이 나와 우리 세 아이들을 버리고 여성도와 떠나버렸어요. 그러고도 모든 비난을 제게 퍼부었어요. 자신의 잘못에 대해 조금도 인정하지 않으면서요." 그녀의 눈에 눈물이 맺혔다.

그녀의 남편은 명백하게 그녀와 가족에게 엄청난 잘못을 저질렀다. 그녀는 그의 잘못 때문에 극심한 고통을 겪었기 때문에 그가 대가를 치러야 한다고 생각했다. 그녀가 바라는 보상은 그가 잘못을 인정하는 것이었다. 전 남편이 준 고통에 비하면 그녀의 소원은 아주 작은 것처럼 보였다. 그런데 이런 실족한 감정은 새 남편과의 관계를 방해하고, 다른 남성 지도자들과의 관계에까지 나쁜 영향을 미치고 있었다. 스스로 재판관이 되어 잘못을 심판하려 한다면 또 다른 죄의 노예가 되는데 그녀는 이 사실을 모르고 있었다.

비통함은 깊은 상처의 뿌리를 만든다. 그 뿌리에 수시로 물을 주고 양분을 주면서 늘 주의를 기울이면 비통함은 더욱 강하게 뿌리 내리게 된다. 이것을 빨리 처리하지 않으면 도저히 뽑을 수 없을 만큼 자라 점점 더 강력해진다.

성경은 우리에게 하나님의 사랑 안에서 뿌리를 내리고 터를 잡으라고 권고한다. 그녀가 남편으로부터 받은 상처에서 벗어나서 더 이상 비통함을 느끼지 않으려면 남편에게 바라는 것을 모두 다 내려놓아야 한다. 그러나 그녀는 그렇게 하지 못한 채 오랫동안 남편을 용서했다고 착각하고 있었다. 이제 그녀가 할 일은 대가를 치르는 남편의 모습을 바라는 대신, 진정으로 그를 용서하고 하나님이 주시는 새로운 기회를 받아들이는 것이다. 즉 복수심을 깨끗이 비우고 툴툴 털고 일어나 하나님의 말씀에 따라 새로운 씨를 뿌리고 의의 열매를 맺는 것이다. 의의 열매란 사랑, 희락, 화평, 오래 참음, 자비, 양선, 충선, 온유, 절제의 열매 갈 5:22-23로서, 이러한 열매들이 삶에서 열리면 분노와 미움이 없는 평화와 은혜의 삶을 살게 된다.

땅은 오직 심은 것만 거두게 한다. 사람의 삶도 마찬가지다. 우리가 우리에게 실망을 주고 고통을 준 사람들에게 사랑, 용서, 인내 같은 것을 심는다면, 상처의 치유와 함께 관계의 회복이 이루어지고 영혼의 자유도 누릴 수 있을 것이다.

예수님은 우리가 원수 갚는 일로 상처가 계속 파급되는 것을 원치 않으신다. 그래서 우리가 다시 아파할지라도 기꺼이 용서하고 복수심을 완전히 버려야 한다고 말씀하셨다. 우리에게 고통을 준 사람들에게 우리가 사랑, 용서, 인내를 심는다면, 상처의 치유와 함께 관계의 회복이 이루어지고 영혼의 자유를 누릴 수 있을 것이다.

자유를 향한 묵상

1. 예수님은 복수가 인간의 몫이 아니라고 말씀하셨다. 당신이 용서했다고 생각했지만 아직도 마음에 남아서 당신을 불쾌하게 만들고 힘들게 하는 사람이나 사건이 있는가? 용서했는데도 왜 계속 그 사건이나 사람이 마음에 떠오르고 부담이 되는지 이유를 써보자.

   _____
   _____
   _____

2. 위에 기록한 사건이나 사람이 다시 떠오를 때 감정의 동요 없이 깨끗해지려면 어떻게 해야 할까?

   _____
   _____

3. 우리가 아무 잘못이 없는데도 핍박을 받거나 고난을 당했다면 그 복수는 하나님께서 해주실 것이다. 억울함 대신 새롭게 마음에 심고 싶은 하나님의 성품이 있다면 무엇인지 적어보자.

   _____
   _____

사람은 심는 대로 거두게 마련이다. 우리가 빚, 용서하지 않는 마음, 상처의 씨앗을 심으면, 하나님의 사랑이 있어야 할 자리에 엉뚱한 뿌리가 자라게 된다. 이것이 바로 히브리서 12장 14-15절에 나오는 '쓴 뿌리'다. 마음의 쓴 뿌리를 빨리 처리하지 않으면 뽑아내기 어려워진다. 하지만 우리가 사람들에게 사랑, 용서, 인내를 심는다면 상처의 치유와 함께 관계의 회복이라는 달콤한 열매를 얻을 수 있다.

● 오늘 새롭게 깨달은 것은 무엇인가?

● 삶에 적용해보자.
　1.
　2.
　3.

서로 친절하게 하며 불쌍히 여기며 서로 용서하기를 하나님이 그리스도 안에서 너희를 용서하심과 같이 하라. ■에베소서 4:32

당신은 용서를 빨리 하는가?

"너희는 스스로 조심하라 만일 네 형제가 죄를 범하거든 경고하고 회개하거든 용서하라 만일 하루 일곱 번이라도 네게 죄를 짓고 일곱 번 네게 돌아와 내가 회개하노라 하거든 너는 용서하라" 눅17:3-4.

우리는 이 말씀을 그대로 받아들여야 한다. 다시 말해, 어떤 사람이 우리에게 죄에 대한 용서를 신실하게 구한다면 그 횟수에 상관없이 그를 기꺼이 용서해주어야 한다. 그렇지만 어떤 사람이 하루에 일곱 번 자의로 죄를 지은 다음에 그것을 회개하기 위해 일곱 번이나 신실한 마음으로 겸손히 나올 수 있다는 것은 좀 특이한 일이라고 나는 생각한다. 그러나 어떤 사람이 내게 범죄했을 때, 그 범죄에 대한 기억이 내 마음에 하루에 일곱 번 다시 떠오르는 것은 특이한 일이 아니다. 예수님이 설명하셨던 상황과 똑같이 나는 고통스러운 기억이 회상될 때마다 적어도 일곱 번은 용서할 마음을 먹어야 했다.

그리고 상처가 새롭게 터졌기 때문에 그런 과정이 고통스러웠지만 두 번째 하는 용서는 처음할 때보다는 힘들지 않았다. 치유에 어느 정도의 진전이 있었기 때문이다. 세 번째 용서할 때는 두 번째보다 훨씬 힘이 덜 들었고, 매번 이런 용서의 위기를 겪을 때마다 용서하기가 그 전보다 수월해졌다. 나는 오래지 않아 고통 속에서 기억하던 그녀를 아무런 원망 없이 생각할 수 있게 되었다. 그리고 그녀가 결코 내게 용서를 구하지는 않았지만, 하나님의 은혜로 나는 용서를 베풀 수 있는 준비를 하게 된 것이다.

그녀가 말한 것과 행한 것들을 사실상 잊을 수 있었던 것은, 내가 그녀를 용서하려고 마음먹었기 때문이다. 그러나 간혹 우리는 단지 우리가 더 이상 그 범죄를 생각하지 않기 때문에 우리가 용서에 대한 하나님의 기대를 충족시켰다고 믿게 된다. 달리 말하자면, 삶은 흘러가고 우리는 다른 일들로 분주하며 마침내 용서하지 않아도 망각하게 된다. 그러나 그런 것은 세상 사람들도 한다. 좀처럼 기억도 나지 않는 얼굴이나 사건이 다시 생겨난다고 해서 속이 뒤집어지거나 얼굴이 경직되거나 하겠는가? 단지 기억이 나지 않는다고 해서 여러분이 용서했다고 착각하지 않도록 조심하라.

도널드 휘트니,《당신의 영적 건강을 진단하라》

Day 16_

기대로 인해
실족하지 않는 방법

그는 우리 영혼을 살려 두시고

우리의 실족함을 허락하지 아니하시는 주시로다

하나님이여 주께서 우리를 시험하시되

우리를 단련하시기를 은을 단련함 같이 하셨으며

우리를 끌어 그물에 걸리게 하시며

어려운 짐을 우리 허리에 매어 두셨으며

사람들이 우리 머리를 타고 가게 하셨나이다

우리가 불과 물을 통과하였더니

주께서 우리를 끌어내사 풍부한 곳에 들이셨나이다.

_시편 66:9-12

he has preserved our lives and kept our feet from slipping. For you, O God, tested us; you refined us like silver. You brought us into prison and laid burdens on our backs. You let men ride over our heads; we went through fire and water, but you brought us to a place of abundance. _Psalms 66:9-12

우리는 주일학교에서 예수님을 잃어버린 양을 찾아 어깨에 메거나 감싸 안고 돌아오시는 분으로 배웠다. 하지만 이런 모습만이 그분의 전부는 아니다. 예수님은 바리새인들의 독선을 꾸짖으셨고, 성전 안에 있던 환전상들의 상을 뒤엎으며 내쫓으셨다 요 2:13-22. 주님은 사역하시는 동안 많은 사람들을 실족하게 하셨다.

심지어 하나님의 종 세례 요한도 예수님에 대해 실족하려는 마음과 맞서 싸워야 했다. 세례 요한은 주님의 길을 예비하고 그분이 오실 것이라고 외쳤던 장본인이었다. 요한이야말로 그 당시에 유일하게 예수님이 누구신지 알고 있었던 사람이다. 하지만 그도 예수님께 "오실 메시아가 당신입니까?"라고 물었다. 요한은 왜 "예수님이 메시아가 맞습니까? 아니면 우리가 다른 이를 기다려야 합니까?"라고 물었을까?

세례 요한은 하나님의 사명을 따라 결혼도 하지 않고, 광야에 머물면서 오직 메시아를 기다리며 그분의 길을 예비했다. 그런 그가 이제 감옥에 있다. 그것도 상당 기간 갇혀 있었다. 그를 찾아오는 이들도 모두 예수께로 돌아섰기 때문에 그는 외롭기만 했다. 그런 상황에서 예수님이 자신과 다른 삶을 살고 계시다는 이야기를 들었다. 그분은 세리와 죄인들과 먹고 마셨으며 안식일을 지키지 않았고 금식도 하지 않는다고 했다. 그것은 요한이 기대했던 예수님의 모습이 아니었을 것이다. 감옥에서 그런 이야기를 들어야 했던 요한의 마음은 어땠을까? 감옥에 오래 있으면 있을수록 실족하려는 마음의 유혹은 더 컸을 것이다. 세례 요한은 '그분이 메시아라면 왜 나를 감옥에서 꺼내주시지 않을까? 나는 잘못한 것이 전혀 없는데!' 라는 마음이 들지 않았을까?

예수님은 말씀하셨다. "누구든지 나를 인하여 실족하지 아니하는 자는 복이 있도다" 마 11:6. 예수님은 이렇게 말씀하신 것이다. "요한, 너는 너에게 일어나는 일들을 다 이해하지 못할 것이다. 내가 일하는 방식에 대해서도 마찬가지겠지. 하지만 네가 기대했던 방식으로 내가 일하지 않는다고 해서 나로 인하여 실족하지는 말아라. 너는 네가 명령받은 대로 네 일을 다 마쳤다. 네 상이 클 것이다. 부디 나로 인하여 실족하지 말거라." 예수님은 요한에게 하나님께서 요한의 삶과 사명에 역사하셨던 방법을 기준으로 주님의 일을 판단하지 말라고 권고하셨다. 당신은 "주님, 저는 오랫동안 주님을 섬겨왔고, 주님을 따르려고 소중한 많은 것을 버렸습니다. 그런데 어째서 제게 이런 고난과 시련을 주시는 겁니까?" 하고 예수님께 눈물로 호소한 적이 있는가?

　살다 보면 상처를 받거나 실망하는 일이 생기게 마련이다. 그런데 주님 때문에 실족하는 사람들도 많다. 자신이 주님을 위해 봉사한 만큼 주님께서 보답해주실 것이라고 기대하기 때문이다. 하지만 그런 사람들은 잘못된 이유로 주님을 섬기고 있는 것이다. '주님이 우리에게 해주실 수 있는 일'을 기대하며 섬기는 것 자체가 잘못된 것은 아니지만, 우리의 기준으로 우리가 원하는 때에 해주실 것이라고 기대하는 것은 잘못이다. 기대를 갖고 있으면 그 기대가 이루지지 않았을 때 실망하게 된다. 우리의 삶에 대한 계획을 주님이 세우시고 인도하시는데, 우리의 뜻대로 세운 기준과 요구가 우리가 원하는 때에 이루어지기를 바라는 것은 이기적인 욕심이다. 우리가 할 일은, 하나님이 우리의 가슴에 심어주신 소망을 하나님이 이루어주실 것을 믿고 순종하며 따라가는 것이다. 그러면 정당해 보이는 기대조차 어그러졌다고 하여 실망하지 않고 하나님의 온전하심을 바라보며 평안과 기쁨을 누릴 수 있다.

기대를 많이 하는 경우 그 기대가 원하는 때에 이루어지지 않으면 실족하게 된다. 우리는 이기적인 욕심으로 과도한 기대를 하고 실족하는 우를 범하지 않기 위해 하나님의 계획에 순종하며 살아야 한다. 그러면 하나님이 우리의 삶에 계획하신 뜻을 하나님의 때에 이루어주실 것이다.

자유를 향한 묵상

1. 당신은 어떠한 이유로 하나님을 섬기고 있는가? 기대했던 것을 받지 못했기 때문에 낙망한 적이 있다면, 당신 역시 하나님께 과도한 기대를 하고 있는 것이다. 하나님만을 기뻐하기 위해서 당신의 어떤 부분이 다듬어져야 할까?

   _____
   _____

2. 다음 문장을 완성해보자.
   ㄴ 내가 예수 그리스도를 섬기는 동기는 _____ 이다.
   ㄴ 나의 자신감은 _____ 에서 비롯되었다.
   ㄴ 내가 주님께 기대한 보상은 _____ 이다.
   ㄴ 내가 봉사하는 이유는 _____
      때문이다.

3. 그동안 가족이나 교회, 주변 사람들 그리고 하나님에게 걸었던 자기식의 기대가 무엇이었는지 적어보자. 그리고 그 기대들을 이제는 버리겠다고 결심하는 기도를 하자.

   _____
   _____

우리는 가까운 주변 사람들에게 여러 가지 기대를 한다. 나에게 친절하게 대해주기를, 나를 존중해주기를, 나를 인도해주기를, 내가 모르는 것을 가르쳐주기를,

내가 친절하게 대해준 것만큼 되돌려주기를 말이다. 그 기대가 결국은 나를 실망하게 만들고 그들로부터 멀어지게 만든다. 그들에게 아무런 기대를 하지 않는다면 우리가 사람들 때문에 실망하는 일은 결코 없을 것이다. 이제부터 다른 사람에게 기대하는 행동을 그대로 먼저 그들에게 해주자. 그 선행의 열매가 우리에게 주어질 것이다.

● 오늘 새롭게 깨달은 것은 무엇인가?
_____
_____
_____

● 삶에 적용해보자.
1. _____
2. _____
3. _____

스스로 말하는 자는 자기 영광만 구하되 보내신 이의 영광을 구하는 자는 참되니 그 속에 불의가 없느니라. ▪요한복음 7:18

Day 17_

모든 사람을
만족시키는 방법

이제 내가 사람들에게 좋게 하랴

하나님께 좋게 하랴

사람들에게 기쁨을 구하랴

내가 지금까지

사람들의 기쁨을 구하였다면

그리스도의 종이 아니니라.

_갈라디아서 1:10

Am I now trying to win the approval of men, or of God? Or am I trying to please men? If I were still trying to please men, I would not be a servant of Christ.
_Galatians 1:10

교회를 떠나는 사람들은 대부분 진리의 말씀에 직면하여 말씀을 받아들이지 못하기 때문에 교회를 떠난다. 진리가 자신의 생활방식에 맞지 않고 갈등을 빚어내기 때문이다. 자신의 생각과 다른 진리를 발견하게 되면 그들은 곧바로 교회의 모든 면을 비판하다가 결국 떠나고 만다.

그런데 어떤 목회자들은 이러한 사람들과의 대립을 피하려고 한다. 교회에서 사람들을 잃을까 두려워하기 때문이다. 특히 교회의 거액 기부자나 지역 사회의 유력 인사들에게 바른 말 하는 것을 주저하는 목사들도 있다. 또 어떤 목사는 감정이 상하면 상처가 오래 남을 수도 있기 때문에 사람들의 감정을 해칠까 두려워한다. 이렇게 다른 사람들에게 상처를 줄까봐 너무 조심하다 보면 진실을 말해야 할 때 제대로 말하지 못한다.

예수님은 사람들에게 상처주지 않으려고 진리를 양보하지는 않으셨다. 그분은 모든 사람들을 하나님의 아들과 딸로 귀하게 여기고 사랑하셨지만, 때로 진리에 어긋나는 상황이나 사람에 대해서는 단호하게 지적하셨다. 그래서 사람들로부터 종종 비난과 핍박을 당하셨다.

　우리도 진리를 말해야 할 때가 있다. 당신도 소중히 여기는 사람이 진리에 어긋나는 행동을 할 때 어떻게 해야 할지 심한 갈등을 느낄 것이다. 분명한 것은 그리스도인이라면 사람의 기준이 아니라 하나님의 기준에 맞추기를 애써야 한다는 사실이다. 우리는 영혼을 사랑하는 마음으로 진리를 말하는 것을 주저하지 말아야 한다. 진리를 따르는 사람이라면 진리로 대할 때 기쁨으로 받아들이지만 그렇지 않은 사람이라면 불편해하며 비난할 수도 있다. 비록 어리석다는 말을 듣는다 할지라도 진리의 말씀을 따를 때 승리가 찾아온다.

　진리를 따르는 사람은 성령님께서 힘과 양분을 주시는 곳까지 그 뿌리를 깊이 내리는 나무와 같다. 그런 사람은 하나님의 샘 깊은 곳으로부터 자신의 영혼 속으로 그 충만한 수분을 빨아들인다. 이로써 그는 고통과 상처를 오히려 열매를 맺는 촉매제로 쓸 수 있을 만큼 성숙해진다.

　알리와 함께 당대 최고의 복서로 이름을 날렸던 조 프레이저가 이런 말을 했다. "챔피언은 링에서 되는 것이 아니라 다만 링에서 인정받을 뿐이다." 평소에 꾸준한 훈련을 통해 챔피언의 실력을 갖추면 링 위에서는 그만한 실력이 있음을 확인할 뿐이라는 뜻이다. 마찬가지로 진리를 따르며 살기 위해서는 평소의 꾸준한 말씀 묵상과 실천으로 영적인 실력을 쌓아야 한다. 우리가 그만한 영성을 갖추고 있다면 역경이 찾아왔을 때도 진리의 말씀에 순종할 수 있다. 사람들의 눈치를 보지 않고 옳은 일을 할 수 있으며 진리가 무엇인지 보여줄 수 있다. 이 모두는 당신에게 그만한 영적 실력이 있음을 확인시켜주는 과정일 뿐이기 때문이다.

기억하자. 예수님은 사람들에게 조종당하지 않으셨다. 그분은 그저 진실만을 말씀하셨다. 비록 그것이 대결을 의미하고 궁극적으로 실족하게 하는 일이라 해도 타협하지 않으셨다. 우리가 만약 사람의 인정을 받고자 하면 하나님의 기름부음을 받을 수 없을 것이다. 오직 우리는 하나님의 진리만 전하리라고 결심해야 한다. 다른 사람들에게 상처를 줄 수 있는 위험이 있을지라도 그분의 뜻에 순종하는 것이다.

예수님은 사람들에게 상처주지 않으려고 진리를 양보하지 않으셨다. 그분은 모든 사람들을 하나님의 아들과 딸로 귀하게 여기고 사랑하셨지만, 때로는 진리에 어긋나는 상황이나 사람에 대해서는 단호하게 지적하셨다. 비록 어리석다는 말을 듣는다 할지라도 진리의 말씀을 따를 때 결국에는 승리가 찾아온다.

자유를 향한 묵상

1. 사람들 눈치를 보느라 옳은 줄 알면서도 행하지 않은 일이 있었는가? 반대로 옳은 일을 하고도 비난받았던 적이 있었는가? 양쪽 다 적어보자.

2. 앞으로 진리에 어긋나는 언행을 하는 사람이나 상황을 접한다면 어떻게 행동하겠는가?

3. 다른 사람의 눈치를 보지 않고 진리를 관철하며 살아가기 힘든 이유가 있다면 무엇인지 적어보자.

진리에 어긋나는 언행을 하는 사람을 만나면 마음에 심한 갈등을 느낄 것이다. 그러나 그리스도인이라면 사람의 기준이 아니라 하나님의 기준에 맞추려고 애써야 한다. 진리는 타협하는 것이 아니라 지키는 것이다.

● 오늘 새롭게 깨달은 것은 무엇인가?
_____
_____
_____

● 삶에 적용해보자.
1. _____
2. _____
3. _____

의를 위하여 박해를 받은 자는 복이 있나니 천국이 그들의 것임이라 나로 말미암아 너희를 욕하고 박해하고 거짓으로 너희를 거슬러 모든 악한 말을 할 때에는 너희에게 복이 있나니 기뻐하고 즐거워하라 하늘에서 너희의 상이 큼이라 너희 전에 있던 선지자들도 이같이 박해하였느니라. ▪마태복음 5:10-12

Day 18_

비판적인 시각에서 자유롭게 되기

왕이 요압에게 이르되 내가 이 일을 허락하였으니

가서 청년 압살롬을 데려오라 하니라 …

요압이 일어나 그술로 가서

압살롬을 데리고 예루살렘으로 오니

왕이 이르되 그를 그의 집으로 물러가게 하여

내 얼굴을 볼 수 없게 하라 하매

압살롬이 자기 집으로 돌아가고

왕의 얼굴을 보지 못하니라.

_사무엘하 14:21-24

The king said to Joab, "Very well, I will do it. Go, bring back the young man Absalom." … Then Joab went to Geshur and brought Absalom back to Jerusalem. But the king said, "He must go to his own house; he must not see my face." So Absalom went to his own house and did not see the face of the king.
_2 Samuel 14:21-24

다윗에게는 여러 명의 자녀가 있었다. 그중에 압살롬은 셋째 아들로서 그술 왕의 딸 마아가에게서 태어났으며 누이 다말이 있었다. 암논은 맏아들로 아히노암의 아들이었다. 둘은 어머니가 다른 이복형제였는데 암논이 이복누이 다말을 강간하는 사건이 일어났다. 이로 인해 다말의 삶은 망가져버렸다.

이에 분노한 압살롬은 누이 다말을 강간한 암논을 죽여 자신의 손으로 복수를 했다. 또한 아버지 다윗이 암논에게 벌을 내리지 않는 것에 대해 원망하는 마음을 품게 되었다. 압살롬의 생각은 비통함으로 더럽혀져 있었다. 결국 압살롬은 다윗 왕의 결점을 들춰내며 비난하기에 열을 올리기 시작했다. 하지만 한편으로 아버지가 자신을 다시 불러주기를 기다렸다.

그러나 다윗은 그렇게 하지 않았고, 압살롬의 분노는 폭발하기에 이르렀다. 압살롬은 자기처럼 상처받고 비판적인, 여러 가지 불만을 품고 있는 사람들의 마음을 훔치기 시작했다. 언제라도 시간을 내서 백성들의 불만을 들어준 것이다. 압살롬은 자기가 왕이라면 그런 일은 벌어지지 않았을 것이라고 한탄했다.

사실 압살롬의 원한은 다윗의 잘못에서 시작되었다. 압살롬의 생각이 옳았을 수도 있다. 다윗은 암논에게 어떤 조치를 취했어야 했다. 하지만 누가 재판관인가? 사람인가, 아니면 하나님인가?

우리는 압살롬처럼 상대방의 잘못이 분명해 보이는 일 때문에 실족할 수 있다. 그때 마음을 다 잡아 하나님께 드리지 않으면 비판적인 사람으로 변하게 된다. 비판하는 마음을 가지면 하나님과 다른 시각으로 상황을 보게 된다. 하나님과 다른 시각으로 상황을 바라봤을 때 생기는 결과가 어떤지 알고 있는가? 그것은 또 다른 비극과 더 큰 상처를 남긴다.

우리가 분노와 씁쓸한 적의를 가진 채 사람들을 만나고 공동체에 들어가게 되면 그 분노의 화살이 다른 사람을 향하게 된다. 그리고 자신의 문제는 살펴보지 않고 상대방만을 비난하게 된다. 그것은 결국 서로 비난하고 원망하는 관계를 만들고 많은 사람들에게 상처를 파급시켜 죄를 더해가게 만든다.

우리가 이러한 위기에 직면할 때 성령님은 우리의 양심을 통해 말씀하셔서 우리로 하여금 죄를 깨닫게 하신다. 우리는 이러한 성령님의 조용한 권고를 무시해서도 안 되고 성령님을 억압해서도 안 된다. 성령님이 우리의 양심을 통해 조용히 권고하시는 인도를 따라 죄를 더해가는 행위에 종지부를 찍어야 한다. 성령님이 우리 마음속에 있는 비통한 응어리와 용서하지 못하는 마음을 드러내시는 것을 두려워해서는 안 된다. 우리가 오래 숨기면 숨길수록 그 마음이 더 강하게 자라나서 우리의 마음을 더욱 강퍅하게 만들 것이다. 그래서 성령님이 우리를 깨우쳐주실 때 용기를 내어 마음의 응어리를 솔직히 고백해야 한다.

비판하고 싶은 마음이 들 때마다, 우리의 결점을 다 아시는 하나님이 얼마나 인내하고 기다려주시는지를 생각해보면 도움이 된다. 우리의 그 많은 결점에도 불구하고 하나님은 우리에게 계속해서 기회를 주시고 다시 재기할 수 있는 힘과 용기를 주신다. 더구나 하나님은 그런 것과 상관없이 우리를 얼마나 사랑하는지를, 가족을 통해서 가까운 사람들을 통해서 또한 많은 리더들을 통해서 끊임없이 표현하고 계신다. 이제 우리는 사람들에 대한 비판적인 시각을 버리고 자유롭게 해달라고 기도해야 한다.

사람이 원한을 가지면 적의를 품고 상대를 맹렬히 비난하게 된다. 비판하는 마음을 가지면 하나님과 다른 시각으로 상황을 보게 된다. 하나님과 다른 시각으로 상황을 바라보면, 모든 것이 비관적으로 보이고 그것은 상황을 더 악화시켜 또 다른 비극과 더 큰 상처를 남긴다. 그래서 성령님이 깨우쳐주실 때 용기를 내어 마음의 응어리를 내어놓고 솔직히 고백해야 한다.

자유를 향한 묵상

1. 당신의 마음에 비판하는 마음이 있다면 어떤 상황에서 어떤 특징을 보이는 사람에게 그러한지 아래에 나열해보자.

   _____
   _____
   _____
   _____

2. 다음 문장을 완성해보자.
   ㄴ 사람들이 교회를 비난하면 나는 _____ 한다.
   ㄴ 상처준 사람에 대해 비난하는 마음이 생기면 나는 _____ 한다.
   ㄴ 교회 안에서 상처를 치유하는 가장 효과적인 방법은 _____ 이다.

3. 특별히 사람들에 대한 비판적인 시각을 버리고 자유롭게 해달라고 기도하자.

   _____
   _____

성령님이 우리의 양심을 통해 하시는 말씀에 우리는 죄를 깨닫고 뉘우치게 된다. 따라서 우리는 양심의 가책이나 성령님의 목소리를 못 들은 척하거나 억누르지 말아야 한다. 혹시 그런 적이 있다면, 지금이라도 하나님 앞에 나아가 회개하고 하나님 말씀에 따르는 삶을 살도록 하자.

● 오늘 새롭게 깨달은 것은 무엇인가?
_____
_____
_____

● 삶에 적용해보자.
1. _____
2. _____
3. _____

네가 어찌하여 네 형제를 비판하느냐 어찌하여 네 형제를 업신여기느냐 우리가 다 하나님의 심판대 앞에 서리라 기록되었으되 주께서 이르시되 내가 살았노니 모든 무릎이 내게 꿇을 것이요 모든 혀가 하나님께 자백하리라 하였느니라 이러므로 우리 각 사람이 자기 일을 하나님께 직고하리라 그런즉 우리가 다시는 서로 비판하지 말고 도리어 부딪칠 것이나 거칠 것을 형제 앞에 두지 아니하도록 주의하라. ▪로마서 14:10-13

Day 19_

상처입은 사람에게
용서를 구하는 법

하나님의 나라는 먹는 것과 마시는 것이 아니요

오직 성령 안에 있는 의와 평강과 희락이라

이로써 그리스도를 섬기는 자는

하나님을 기쁘시게 하며

사람에게도 칭찬을 받느니라

그러므로 우리가 화평의 일과

서로 덕을 세우는 일을 힘쓰나니.

_로마서 14:17-19

For the kingdom of God is not a matter of eating and drinking, but of righteousness, peace and joy in the Holy Spirit, because anyone who serves Christ in this way is pleasing to God and approved by men. Let us therefore make every effort to do what leads to peace and to mutual edification. _Romans 14:17-19

혹시 상처 입은 늑대를 본 적이 있는가?
나는 다큐멘터리에서 상처 입은 늑대를 본 적이 있다. 그 늑대는 분노와 두려움을 동시에 느끼고 있었다. 게다가 주위의 그 무엇에도 신뢰를 잃은 듯, 잔뜩 긴장하여 공격적인 태도를 보이며 고통스러워하고 있었다.

사람도 상처를 입으면 분노의 감정을 가지는 동시에 불신을 품게 된다. 불신이 점점 커지면 사람뿐 아니라 하나님도 불신하게 된다. 이러한 불신은 악순환을 거치면서 점점 더 사람을 불신하게 만들고 상처를 깊어지게 한다. 이러한 악순환에 빠지지 않기 위해서 상처준 상대를 용서하는 일이 반드시 필요하다. 그 다음에 해야 할 일은, 관계의 회복을 위해서 자신이 상처준 사람에게 다가가 용서를 구하는 일이다. 나로 인해 상처입은 사람의 마음을 풀어주고, 화평을 위해 억울한 마음과 자만심을 버리고 겸손한 태도로 평화를 구하는 것이다. 이것이 진정한 화해를 이룰 수 있는 유일한 방법이다. 만약 진정으로 용서하지 않고 의무적으로 다가간다면, 상대방은 마음의 문을 열지 못하고 더 굳게 닫아버릴 것이다.

나 역시 의도하지 않았지만 나로 인해 상처받고 실족하는 사람들이 있다. 그래서 누군가 마음을 다쳤다는 이야기를 들으면, 나는 곧바로 다가가 이야기를 나눈다. 사람들은 여러 가지 반응을 보인다. 어떤 사람들은 마음을 풀고 사과를 받아들여준다. 게다가 내 마음까지 위로해주는 사람들도 있다. 하지만 어떤 사람들은 나를 맹렬하게 비난한다. 그들은 내게 이기적이고 인정머리 없는 데다 교만하고 무례하고 난폭한 사람이라고 온갖 비난을 퍼붓는다.

예전에는 나도 모르게 "그렇지 않아요. 여러분이 오해하신 겁니다!"라고 반박했다. 하지만 자신을 옹호하는 일은 화평을 도모하기는커녕 상대방의 분노에 불을 지르는 행동일 뿐이라는 사실을 알게 되었다. 잘못의 진위를 가리고 자기 자신과 '자신의 권리'를 옹호하면서 진정한 화평을 이루는 일은 동시에 이룰 수 없다. 이제 나는 입을 다물고 상대방이 하고 싶은 말을 다 할 때까지 귀기울여 듣는다. 설령 상대가 하는 말을 인정할 수 없더라도 나는 상대의 말을 충분히 존중한다고 말하며 내 태도나 의도를 돌이켜보겠다고 약속한다. 그리고 지난날을 돌이켜본 후 내가 정말로 잘못을 저질렀으면, 상처준 것에 대해 진심으로 사과한다. 반대로 상대방이 정확하게 내 잘못을 지적하면, 나는 곧바로 "죄송합니다. 제가 잘못을 했군요."라고 말하며 용서를 구한다. 이렇게 태도를 바꾸자 용서받는 일이 좀 더 쉬워졌다. 물론 어떤 경우에는 주님께 상대의 마음을 풀어달라고 더 오랫동안 기도하기도 한다. 하나님은 늘 그런 기도에 신실하게 응답해주셔서 나의 사과를 통해 관계를 새롭게 회복해주시고는 하셨다. 그리고 나의 변화된 태도를 통해 더 쉽게 화평을 이루도록 인도하셨다.

용서를 구하는 일은 우리 자신을 낮추는 일이기 때문에 쉬운 일이 아니다. 이것은 자존심이 상하는 일이며, 심지어 잘못이 없는데도 억지로 잘못을 인정하는 것처럼 느껴져서 억울할 때도 있다. 그러나 이런 행동은 상대의 상처를 위로하며 회복을 위해 자신을 낮추는 일이지 자존심 상하거나 억울해할 일이 아니다. 예수님은 이런 모습을 기쁘게 여기실 것이기 때문이다. 다른 사람에게 양보하고 다른 사람의 시각에 맞추는 것을 두려워하지 않는 사람이야말로 성숙한 그리스도인임을 잊지 말고, 상대방과 우리 자신을 위해서 용서 구하는 일을 망설이지 말자.

잘못의 진위를 가리고 '자신의 권리'를 옹호하면서 진정한 화평을 이루는 일은 동시에 이룰 수 없다. 내게 잘못이 없는데도 억지로 내가 잘못을 인정하는 것처럼 느껴져서 억울할 때도 있다. 그러나 이런 행동은 상대의 상처를 위로하며 회복을 위해 배려하는 일이지 자존심 상하거나 억울해할 일이 아니다 예수님은 이런 모습을 기쁘게 받으실 것이다

자유를 향한 묵상

1. 문제를 근본적으로 해결하는 것이 아니라 그저 단순히 화해를 하기 위해서 당신이 할 수 있는 가장 쉬운 방법은 무엇인가? 반대로 문제 해결을 위해 행동으로 옮기기에 가장 어려운 일은 무엇인가? 당신의 목적이 단순한 화해인지, 아니면 근본적인 문제의 해결인지 살펴보자.

   _____
   _____
   _____

2. 자신을 낮추고 겸손한 태도를 가지면 화평을 도모할 수 있다. 자존심을 세우는 사람은 자신을 두둔하기 바쁘지만, 겸손한 사람은 "죄송합니다. 제가 잘못 행동했군요."라고 말하며 용서를 청한다. 당신의 태도는 어떠한가?

   _____
   _____
   _____

3. 야고보서 3장 17절을 읽고, 그 말씀을 자신의 이야기로 다시 써보자.

   _____
   _____
   _____

하나님의 지혜란 기꺼이 자기 잘못을 인정하는 것이다. 또 하나님의 지혜란 의견 충돌이 일어날 때 목을 뻣뻣이 세우고 자기를 주장하지 않는 것이다. 하나님의 지혜를 따르는 사람은 그것이 진리를 해치지 않는 한, 기꺼이 자신의 잘못을 인정하며 다른 사람의 견해를 수용한다.

● 오늘 새롭게 깨달은 것은 무엇인가?
_____
_____
_____

● 삶에 적용해보자.
  1. _____
  2. _____
  3. _____

오직 위로부터 난 지혜는 첫째 성결하고 다음에 화평하고 관용하고 양순하며 긍휼과 선한 열매가 가득하고 편견과 거짓이 없나니. ▪야고보서 3:17

Day 20_

용서한 후
어떻게 해야 할까?

주의 종은 마땅히 다투지 아니하고

모든 사람에 대하여 온유하며

가르치기를 잘하며

참으며 거역하는 자를 온유함으로 훈계할지니

혹 하나님이 그들에게 회개함을 주사

진리를 알게 하실까 하며

그들로 깨어 마귀의 올무에서 벗어나

하나님께 사로잡힌 바 되어

그 뜻을 따르게 하실까 함이라.

_디모데후서 2:24-26

And the Lord's servant must not quarrel; instead, he must be kind to everyone, able to teach, not resentful. Those who oppose him he must gently instruct, in the hope that God will grant them repentance leading them to a knowledge of the truth, and that they will come to their senses and escape from the trap of the devil, who has taken them captive to do his will. _2 Timothy 2:24-26

'주님은 내가 그 사람을 용서하기를 바라셨다. 누구의 잘못이었든 나는 상처로 고통받고 있었고, 주님은 내가 그런 상태에서 자유롭게 되기를 바라셨다. 그 길의 가장 중요한 시작은 그를 용서하는 일이었다. 나는 그를 용서한다는 기도를 드렸다. 하지만 상처받은 마음은 쉽게 사그라지지 않았다. 불쑥불쑥 아팠던 기억들이 나를 덮쳤고, 나는 그 기억들을 던져버리려고 부단히 노력했다. 나는 그 사람을 위해 기도하기 시작했다. 그를 위해 기도하는 것이 상처로부터 해방되는 일임을 알았기 때문이다. 나는 그의 영혼을 위해 기도했다. 한 달이 넘도록 기도했지만 아픈 마음은 쉽게 회복되지 않았다.'

오래전 쉽게 풀리지 않는 관계의 벽으로 고민하고 있을 때, 하나님은 내게 그를 용서하고 그의 영혼을 위해 기도하라고 명하셨다. 정말 쉽지 않은 일이었지만 하나님의 음성이 분명했기 때문에 나는 순종하기 위해 기도했다. 하지만 나는 또 다른 벽에 부딪혀야

했다.

그때 하나님은 내게 말씀을 주셨다.

"나는 그들이 병 들었을 때에 굵은 베 옷을 입으며 금식하여 내 영혼을 괴롭게 하였더니 내 기도가 내 품으로 돌아왔도다 내가 나의 친구와 형제에게 행함 같이 그들에게 행하였으며 내가 몸을 굽히고 슬퍼하기를 어머니를 곡함 같이 하였도다"시 35:13-14.

하나님은 이 구절을 통해서 내가 그를 위해 어떻게 기도해야 하는지 가르쳐주셨다. "네가 너 자신을 위하여 내게 간절히 기도할 때처럼 그를 위해 기도하라."

이 말씀을 묵상한 후 나의 기도는 완전히 바뀌었다. 마지못해 하는 열정 없는 기도에서 뜨거운 기도로 변화되었다. 그렇게 한 달 동안 기도하자 놀랍게도 나는 이렇게 외칠 수 있었다. "나는 그를 사랑합니다. 예수님의 이름으로 그를 사랑합니다." 그를 위해서 진정으로 기도할 수 있게 되었을 때, 나는 완전히 치유되고 회복되었음을 확신할 수 있었다.

우리에게 용서란 과거의 사건을 잊어버리는 것만을 뜻하지 않는다. 인간의 두뇌는 어떤 사건을 아주 쉽게 지워버리기도 하지만, 충격적이고 힘들었던 사건은 더 어두운 색으로 채색하여 기억의 저장고 속에 담아두기도 한다. 그래서 우리가 용서를 하기 위해서는, 용서하겠다는 다짐을 넘어서는 무언가가 필요하다.

그것은 아마 다윗과 같은 마음을 가지는 일일 것이다. 다윗은 다른 사람의 행동을 근거로 대처하지 않았다. 어떤 일이 옳으냐에 따라 자신의 행동을 결정했다. 그는 자신을 괴롭힌 사람을 친한 친구나 형제인 것처럼 기도했고, 그들을 잃었을 때 자기 어머니를 잃은 것처럼 애도했다. 다윗의 용서와 기도 속에는 하나님이 그토록 귀중하게 여기시는 사랑이 있었다.

"무엇보다도 뜨겁게 서로 사랑할지니 사랑은 허다한 죄를 덮느니라" 벧전 4:8.

우리 역시 우리의 마음에 상처와 아픔이 있을지라도 하나님의 사랑을 생각하면서 기도하면 우리는 진정한 자유를 맛볼 수 있다.

상처준 상대를 위해서 진정으로 기도하게 될 때, 우리는 완전히 치유되고 회복된다. 진정한 용서는 자기 자신과 타인을 진정으로 사랑하게 만든다.

자유를 향한 묵상

1. 하나님께서 당신이 용서하기로 결심한 사람들을 향해 어떤 계획을 가지고 계신지 생각해보자.

   _____
   _____
   _____

2. 그들이 삶의 목표를 충실하게 이루도록 지지하고 응원하기 위해서 당신이 보여줄 수 있는 사랑의 표현은 무엇인가?

   _____
   _____
   _____

3. 지금 싫어하는 사람이 있다면 그 사람의 행복과 영혼의 강건함을 위해서 하나님께 기도해보자.

   _____
   _____
   _____

하나님은 나에게만 멋지고 훌륭한 계획을 가지고 계신 것이 아니라 가족 구성원들, 주변 사람들, 리더들, 심지어 나에게 상처준 사람들에게도 훌륭한 계획을 가지고 계신다는 사실을 기억하자. 그래서 모든 사람들이 자신의 삶의 목적을 이루고 하나님 안에서 복된 삶을 살아갈 수 있도록 사랑하고 기도하자.

● 오늘 새롭게 깨달은 것은 무엇인가?
_____
_____
_____

● 삶에 적용해보자.
1. _____
2. _____
3. _____

> 나는 너희에게 이르노니 너희 원수를 사랑하며 너희를 박해하는 자를 위하여 기도하라. ■마태복음 5:44

하나님의 사랑

하나님 아버지께서는 우리의 죄된 모습에도 불구하고 자신의 순전한 사랑을 베풀어주시는 분이시다. 예수께서 우리를 향해 "사랑한다"라고 하시는 의미는, 내가 그의 마음속 깊은 곳에서 하나님의 사랑을 이끌어내기 때문에 가치 있는 존재라는 뜻이다. 나는 이와 같은 방법으로 다운증후군을 가지고 태어난 첫딸 아만다를 사랑하는 법을 깨닫기 시작했고, 또한 세상적인 사랑과 하나님의 사랑의 차이점을 분명하게 이해하게 되었다. 세상의 관점으로 보면, 우리 부부가 아만다를 사랑해야 할 이유는 하나도 없었다. 하지만 하나님의 은혜로 복음의 말씀 안에서 깨닫게 된 사실은 사랑에는 다른 의미가 있다는 것이다.

우리 자신이 사랑하기에 너무나 힘겨운 사람들이야말로 우리를 하나님 아버지께로 인도해주는 소중한 존재라는 사실을 생각해본 적이 있는가? 아만다와 다른 모든 사람들이 가치 있는 존재인 이유는 하나님이 부어주시는 진정한 사랑을 끌어내어 하나님께만 모든 영광을 돌리도록 하기 때문이다.

    하나님께서 우리와 하나님과의 관계가 어떠한지를 보여주기 위해 사람과 상황을 사용하신다는 사실을 깨닫게 되면, 우리는 하나님께서 주시는 큰 자유함을 맛보게 된다. 하나님은 우리를 연단하시고, 우리가 하나님의 자녀임을 확증하기 위하여 이러한 사건을 허락하신다. 하나님의 사랑이 우리를 통해 드러나게 될 때, 우리 자신이 하나님의 사랑을 받는 존재임을 깨닫게 된다. 사람들과 상황을 통해 일어나는 모든 사건은 하나님의 섭리인 것이다. 하나님이 우리를 연단하시고 누가 하나님의 자녀인지 계시하시고, 하나님의 사랑이 가진 목적이 무엇인지 드러내기 위해 허락하시는 것이다. 따라서 우리는 사람 가운데 있는 아만다들을 통해 죄의 권세와 사랑의 권세를 깨닫게 된다. 만일 우리 안에 오직 세상적인 사랑만을 가지고 있다면, 우리의 마음은 온통 죄의 권세와 이기적인 아집에 빠져 도저히 사랑할 능력이 없을 것이 분명하다. 하지만 예수께서 우리 안에 임재해계신다면, 우리를 통해 흘러넘치는 강력한 하나님의 사랑을 경험하게 될 것이다.

노옴 웨이크필드, 《사랑의 기술》

사람은 사랑하면 할수록
하나님의 형상을 더 닮아가게 된다.

* 마틴 루터

3부

관계의 회복과 자유

Day 21 _ 속박의 자유와 성품의 변화
Day 22 _ 화평하게 하는 자
Day 23 _ 관계를 보호하는 예수님의 방법
Day 24 _ 아픔과 함께 자라나는 성장
Day 25 _ 고난과 도전은 성숙을 위한 훈련이다
Day 26 _ 길안내자의 음성에 귀기울여라
Day 27 _ 배려와 섬김을 실천하는 방법
Day 28 _ 순종과 믿음과 사랑의 관계
Day 29 _ 새로운 나의 정체성, 하나님의 자녀
Day 30 _ 완전한 관계의 회복

Day 21_

속박의 자유와 성품의 변화

누가 누구에게 불만이 있거든

서로 용납하여 피차 용서하되

주께서 너희를 용서하신 것 같이

너희도 그리하고

이 모든 것 위에 사랑을 더하라

이는 온전하게 매는 띠니라.

_골로새서 3:13-14

Bear with each other and forgive whatever grievances you may have against one another. Forgive as the Lord forgave you. And over all these virtues put on love, which binds them all together in perfect unity. _Colossians 3:13-14

상처의 덫에서 가장 빨리 빠져나오는 방법은 무엇일까? 앞에서 이제까지 살펴본 대로 문제와 관련된 모든 일을 용서하는 것이 가장 중요하다. 그리고 상처를 통해 성장시키고, 더 큰 사람으로 키우기 위한 하나님의 놀라운 계획을 믿는 것이다. 하나님은 우리의 성장을 위해 많은 사람들과 상황들을 사용하신다. 우리가 상처받는 것은 운이 나빠서 또는 뭔가 큰 잘못을 해서가 아니라, 삶의 여정에서 성장을 위해 거쳐야 할 하나의 과정에 불과하다. 그것이 이해되면 우리는 더 이상 과거에 얽매이지 않고 그 시간 자체를 용서하고 놓아줄 수 있는 용기를 가질 수 있다.

우리에게 주어진 상처의 나날은 하나님이 우리에게 특별히 허락하신 훈련의 기간이다. 그리고 우리에게 상처와 고통을 준 사람들은 우리의 훈련을 위해 하나님이 보내주신 과외선생이었다. 이렇게 생각하면 하나님께 감사하고 나의 과외선생이 되어준 사람들에게 감사할 수 있을 것이다.

우리가 상처준 사람들을 용서하듯이 이제는 자신의 잘못에 대해서도 용서해야 한다. 부족하고 실망스럽게 느껴지는 자신을 용납하지 못해서 스스로를 미워하는 행위는 자신을 매일 죽이는 것과 같다. 하나님은 자신을 사랑하는 것같이 이웃을 사랑하라고 말씀하셨다. 먼저 자신을 용서하지 못하는 사람은 타인의 잘못에 대해서도 쉽게 용서하지 못하고 늘 엄격한 잣대를 들이댄다. 만일 자신을 용서하는 것이 힘든 사람이 있다면, 그 사람은 예수님이 자신을 용서했다는 사실을 받아들이지 못하고 있는 것이다. 우리가 예수님을 구주로 받아들인 순간 우리의 모든 죄는 용서받았고 영혼 또한 자유로워졌다. 그렇기 때문에 우리가 붙들고 있던 자기 자신의 부족함이나 실수에 대해서도 기꺼이 용서해야 한다. 예수님의 용서를 받아들이고 하나님의 큰 은혜와 사랑을 경험한 사람은 용서하고 사랑하는 일이 어렵지 않다.

이제부터 헛된 것에 시간을 낭비하지 말고 인생의 참 자유 속에서 즐거움과 행복을 누리는 방법을 배우자. 자기 자신과 타인 그리고 모든 상황을 용서함으로써 속박에서 벗어나자. 그리고 하나님이 우리를 자유롭고 아름다운 성품으로 빚어가시도록 내어드리자. 하나님의 말씀에 따라 자신과 타인을 소중히 여기고 사랑하면, 어느새 예수님의 성품을 조금씩 닮아가고 있는 자신을 발견할 수 있을 것이다. 이런 일은 한순간에 일어나지 않는다. 매일매일 기도하는 가운데 하나님의 인도를 따르다 보면 주변 사람들을 사랑하는 마음이 생기고 그들을 향해 예수님의 성품이 조금씩 나타난다.

진정으로 하나님을 믿고 순종하는 사람에게서 가장 눈에 띄는 변화는 성품의 변화다. 누군가의 성품이 점점 예수님의 성품으로 변해갈 때 사람들은 그 사람을 영적으로 성숙하다고 말한다. 가끔은 까다로운 과외선생을 만나서 감정적으로 어려움을 겪을 수도 있지만 이것 역시 성품을 더 정교하게 다듬기 위한 하나님의 계획이다.

하나님은 우리의 성품이 더욱 아름다워지도록 다양한 길로 인도하신다는 사실을 항상 기억하자. 그리고 그분의 사랑으로 자신의 약함과 타인의 허물을 용서하는 마음을 가지자. 우리는 성품의 변화를 위해 여러 가지 상황들을 허락하시는 하나님을 감사함으로 바라보는 그리스도인들이 될 것이다.

다른 사람의 행위를 진정으로 용서하고 자신을 용서한 사람은 일상에서 자유를 느끼고 기쁨을 누릴 수 있다. 그리고 예수님의 성품을 조금씩 닮아가고 있는 자신을 발견할 수 있다. 누군가의 성품이 점점 예수님의 성품으로 변해갈 때 사람들은 그 사람을 영적으로 성숙하다고 말한다. 하나님은 성품이 더욱 아름다워지도록 우리를 여러 가지 다양한 길로 인도하신다는 사실을 잊지 말자.

자유를 향한 묵상

1. 당신을 보다 성숙하고 완전한 사람으로 만들기 위해 하나님께서 당신의 삶에 특별히 보내주신 사람들이 있는가? 그들 이름 옆에 고마운 이유를 적어보자.

   ↳ _____ : _____
   ↳ _____ : _____
   ↳ _____ : _____
   ↳ _____ : _____
   ↳ _____ : _____

2. 당신이 싫어하는 자신의 성품은 어떤 부분인가? 변화가 필요한 성품에 대해 기록하고 생각해보자.

   _____
   _____

3. 당신이 가지고 싶은 이상적인 성품은 어떤 것인가? 그러한 성품을 가지기 위해 그만두어야 할 것과 새롭게 시도할 것은 무엇인가?

   _____
   _____
   _____

우리는 리더들이 우리가 생각하는 이상적인 성품을 가지고 있기를 기대한다. 그러면서도 자신의 성품에 대해서는 개선하고자 하는 의지를 가지지 않는다. 이제부터 하나님이 주신 당신의 멋진 성품을 계발하고 발휘하도록 노력해보자. 당신은 예수님처럼 완전하고 아름다운 성품을 가지고 멋진 리더십을 발휘할 수 있을 것이다.

● 오늘 새롭게 깨달은 것은 무엇인가?
_____
_____
_____

● 삶에 적용해보자.
1. _____
2. _____
3. _____

그리스도께서 우리를 자유롭게 하려고 자유를 주셨으니 그러므로 굳건하게 서서 다시는 종의 멍에를 메지 말라. ▪갈라디아서 5:1

Day 22_

화평하게 하는 자

서로 마음을 같이하며

높은 데 마음을 두지 말고

도리어 낮은 데 처하며

스스로 지혜 있는 체하지 말라

아무에게도 악을 악으로 갚지 말고

모든 사람 앞에서 선한 일을 도모하라

할 수 있거든 너희로서는

모든 사람과 더불어 화목하라.

_로마서 12:16-18

Live in harmony with one another. Do not be proud, but be willing to associate with people of low position. Do not be conceited. Do not repay anyone evil for evil. Be careful to do what is right in the eyes of everybody. If it is possible, as far as it depends on you, live at peace with everyone. _Romans 12:16-18

어떤 일이든 하나님의 사랑으로 행하면 실패하지 않는다. 사랑은 실패하는 법이 없기 때문이다. 예수님이 우리를 사랑하신 것처럼 다른 사람을 사랑하라. 그러면 누군가 우리와 화해하지 않으려 해도 마음이 무겁지 않을 것이다. 예수님은 만일 '할 수 있거든'이라고 말씀하셨는데, 이것은 우리와 평화로이 지내기를 원치 않는 사람도 있기 때문이다. 또한 화해하는 대신 주님과의 관계를 끊으라고 요구하는 사람도 있다. 어떤 경우든 안타깝지만 그런 관계는 회복될 수 없다. 하나님은 '최선을 다하여'라고 말씀하셨다. 진리를 해치지 않는 한 우리는 다른 사람과 화해하기 위하여 최선을 다해야 한다. 하지만 우리는 지친 나머지 관계 개선을 위한 노력을 너무 쉽게 포기해버린다.

예수님은 "화평하게 하는 자는 복이 있나니 그들이 하나님의 아들이라 일컬음을 받을 것임이요" 마 5:9라고 말씀하셨다. 여기서 '화평을 유지하는 자'라고 하지 않으셨다는 데 주목하자. 화평을 유지하는 자는 평화를 지키기 위해서라면 어떤 대가를 치르더라도, 심지어 진리를 해치게 되더라도 대립하지 않는다. 그러나 그런 평화는 진정한 의미의 평화가 아니다. 반면에 '화평하게 하는 자'는 사랑으로 대응하는 사람이며, 화해를 지속시키기 위해 진리를 지키는 사람이다. 또한 솔직하고 진실한 관계를 만들어나간다. 거짓 미소로 상처를 감추려 하지 않는다.

우리가 화해를 빨리 청해야 하는 이유는 우리 자신뿐 아니라 우리의 형제를 위해서도 필요하다. 우리는 형제가 실족케 하는 덫에서 벗어나도록 돕는 촉진제 역할을 할 수 있다. 사랑이신 하나님은 우리가 형제와의 관계를 회복하려고 노력하는 것을 원하신다. 물론 우리에게 전혀 잘못이 없을 수도 있다. 그러나 우리의 옳음을 입증하는 것보다 형제가 실족하지 않도록 돕는 것이 더 중요한 일이다.

우리는 자신을 판단할 때는 본래의 의도로 판단하고 다른 사람을 판단할 때는 겉으로 드러나는 행동으로 판단하는 경향이 있다. 그래서 다른 사람의 행동을 보고 그가 어떤 사람이라고 판단하고 규정짓는다. 그러면서도 자신의 언행이나 동기는 순수하다고 믿고 싶어한다. 그러한 내면의 상태가 다른 사람과의 무조건적인 화해를 어렵게 만든다.

누군가와 화해하기 위해서는 선한 마음을 가지고 있는 것만으로는 부족하다. 즉각적인 행동이 뒤따라야 한다. 마음에 내키지는 않지만 화해가 필요한 사람이 떠오른다면 지금 당장 그 사람을 찾아가서 화해를 청하라. 갈등을 갖게 된 이유가 무엇이든간에 화평하게 하는 당신에게 하나님께서 관계의 회복을 허락하실 것이다.

그렇다면, 우리가 화해를 청해도 마음을 열지 않고 계속해서 비난하고 공격하는 사람에 대해서는 어떻게 해야 할까? 그런 사람에게는 정중히 사과하고 화해하려는 자신의 의도를 정확하게 전달한 뒤 그 자리를 떠야 한다. 우리는 어떠한 이유든 상대가 용서하지 않는 것까지 관여할 수는 없다. 사람은 각자 선호도가 다르기 때문에, 도무지 받아들이지 못하는 상황이나 사람이 있을 수 있다. 우리가 진정으로 다른 사람들과의 관계를 존중하고 화해하기 원한다면, 그들의 다른 생각과 삶의 방식을 존중하고 인정해주어야 한다. 예수님은 제자들에게 말씀하셨다. "누구든지 너희를 영접하지도 아니하고 너희 말을 듣지도 아니하거든 그 집이나 성에서 나가 너희 발의 먼지를 떨어 버리라" 마 10:14.

진리를 해치지 않는 한 우리는 다른 사람과 화해하기 위하여 최선을 다해야 한다. 우리가 빨리 화해를 청해야 하는 이유는 우리 자신만을 위한 게 아니라 우리의 형제를 위해서이다. 우리는 형제가 실족케 하는 덫에서 벗어나도록 돕는 촉진제 역할을 할 수 있다. 지금 당장 그 사람을 찾아가서 화해를 청하라. 힘들겠지만 노력한 만큼 값진 보상을 얻게 될 것이다.

자유를 향한 묵상

1. 우리는 화평하기 위해 힘써야 한다. 관계는 영적인 건강을 드러내는 척도가 되기도 한다. 화평을 위해 비굴해지라는 이야기가 아니다. 하나님 안에서 화평하기 위해 어떤 마음가짐을 가져야 할지 어떤 행동을 할 수 있을지 생각해 보자.

_____

_____

2. 다음은 '화평하게 하는 자'의 성품을 몇 가지 나열해놓은 것이다. 자신은 어떤 사람인지 생각해보고 해당되는 곳에 표시해보자.

　↳ 사랑을 실천한다. (O , X)
　↳ 다른 사람의 말에 귀기울인다. (O , X)
　↳ 인내심이 강하다. (O , X)
　↳ 쉽게 화내지 않는다. (O , X)
　↳ 언제나 용서한다. (O , X)
　↳ 신중하게 말한다. (O , X)
　↳ 솔직하다. (O , X)
　↳ 하나님의 뜻에 순종한다. (O , X)
　↳ 상처받기 쉽다. (O , X)
　↳ 하나님의 말씀에 귀기울인다. (O , X)
　↳ 진실하다. (O , X)
　↳ 겸허하다. (O , X)

우리는 '화평하게 하는 자'로서 사람들과의 갈등 속으로 들어가 진리에 따라 화해를 지속시키는 사람이다. 진리를 지키는 사람은 거짓되고 피상적인 관계를 지속하지 않는다. 또한 솔직하고 진실한 관계를 만들어나간다. 거짓 미소로 상처를 감추려 하지도 않는다. '화평하게 하는 자'는 결코 실패하지 않는 강렬한 사랑으로 평화를 가져온다.

● 오늘 새롭게 깨달은 것은 무엇인가?
_____
_____
_____

● 삶에 적용해보자.
 1. _____
 2. _____
 3. _____

화평하게 하는 자는 복이 있나니 그들이 하나님의 아들이라 일컬음을 받을 것임이요. ■마태복음 5:9

Day 23_

관계를 보호하는 예수님의 방법

그러면 네 지식으로

그 믿음이 약한 자가 멸망하나니

그는 그리스도께서 위하여 죽으신 형제라

이같이 너희가 형제에게 죄를 지어

그 약한 양심을 상하게 하는 것이

곧 그리스도에게

죄를 짓는 것이니라.

_고린도전서 8:11-12

So this weak brother, for whom Christ died, is destroyed by your knowledge. When you sin against your brothers in this way and wound their weak conscience, you sin against Christ. _1 Corinthians 8:11-12

예수님은 쓴 뿌리를 제거하기 위해서 키질하는 작업을 하신다. 그런 관점에서만 보면 예수님이 거의 다 니시는 곳마다 진리를 단호하게 선포하심으로써 사람들을 실족하게 하신 것처럼 보이지만, 사실 예수님은 관계를 지키고 사람들을 실족시키지 않으려고 애쓰셨다. 예수님은 베드로와 함께 가버나움에 들르셨다가 성전 세금을 거두는 관원을 만났다. 그 관원은 "너의 선생은 세금을 내지 않느냐"고 물었다 마 17:24. 예수님은 하나님의 아들이고 성전의 주인이기 때문에 세금을 내지 않으셔도 되는 분이었다. 예수님이 세금을 내지 않으신 것은 완전히 정당한 일이었다. 하지만 예수님은 베드로에게 다른 말씀을 하셨다. "그러나 우리가 그들이 실족하지 않게 하기 위하여 네가 바다에 가서 낚시를 던져 먼저 오르는 고기를 가져 입을 열면 돈 한 세겔을 얻을 것이니 가져다가 나와 너를 위하여 주라 하시니라" 마 17:27.

예수님은 베드로에게 바다에 가서 낚시를 던져, 올라오는 첫 번째 물고기를 잡고 그 입을 열어 동전을 가져다주라고 말씀하셨다. 하나님 아버지께서 세금 낼 돈까지 마련해주셨던 것이다. 하나님의 아들이신 예수님도 사람들을 실족시키지 않기 위해 번거로운 절차를 거쳐 사람들의 요구를 들어주셨다.

하지만 나는 이 원리를 깨뜨린 적이 있다. 인도네시아로 아내와 선교여행을 갔을 때였다. 우리가 방문한 교회의 한 장로님이 자그마한 호텔을 운영하시는데 매우 시끄러운 곳에 위치해 있었다. 장로님은 방을 마련하여 우리를 기다리고 있었다. 우리는 긴 비행으로 피로에 지쳐 있음에도 불구하고 너무 시끄러워서 밤새 편안히 쉴 수 없었다. 다음날 다른 섬으로 이동해 2주간의 바쁜 스케줄에 따라 예배를 인도한 후에 다시 그 교회로 돌아가는 길이었다. 그곳의 한 부인이 조용하고 훌륭한 리조트를 제공해준다고 하였다. 그 시끄러운 호텔로 다시 돌아가는 일이 끔찍했던 나는 반갑게 그 리조트로 가겠다고 말했다. 물론 이 선택이 이기적인 목적에서 비롯된 것임은 말할 필요도 없다. 그 호텔에서 머물 수 없다는 이야기를 목사님께 전하자 목사님의 표정이 편치 않아 보였다. "존, 그러면 그 장로님과 가족이 상처받을 수도 있습니다. 방은 저녁이면 다 매진되는데 당신을 위해 방을 미리 남겨두었거든요." 나는 그 목사님까지 실족시킨 것 같았다. 우리를 위해 준비해둔 것에 대해 고맙게 생각하지 않았기 때문이다. 그러한 생각이 드는 순간 나는 그 목사님께 사과하고 장로님의 호텔로 다시 가겠다고 말했다.

나는 권리를 요구하다가 내 형제를 실족하게 하였다. 주님은 내 태도를 꾸짖으시고 나로 하여금 깨닫게 하셨다. 나는 그에게 용서를 구했고 그분은 나를 용서해주었다.

우리가 자신의 유익이나 편리를 우선적으로 생각하다가 자신과 밀접하게 관련된 주변 사람들을 무시하거나 상처줄 때가 있다. 그러한 행위는 그들을 실망하게 만들고 마음의 갈등과 미움을 야기한다. 그것이 바로 우리가 사람들을 쉽게 실족시키고 관계를 깨지게 하는 모습이다. 예수님 안에서 누리게 된 자유를 다른 사람을 위해서 사용해야 하는데 자신의 권리를 주장하는 데 사용하기 때문이다.

우리는 예수님이 하셨던 것처럼 형제를 넘어지지 않게 하기 위해 주의해야 한다. 사도 바울은 이런 일에 대하여 하나님의 뜻을 한마디로 정리했다. "그러므로 우리가 화평의 일과 서로 덕을 세우는 일을 힘쓰나니" 롬 14:19. 다른 사람들을 배려하고 양보하며 사랑과 평화의 관계를 지켜나가는 것이 예수님과의 사랑을 실천하는 일이다.

우리는 자신의 유익이나 편리를 우선적으로 생각하다가 자신과 밀접하게 관련된 주변 사람들을 무시하거나 상처줄 때가 있다. 그러한 행위는 그들을 실망하게 만들고 마음의 갈등과 미움을 야기한다. 그것이 바로 우리가 사람들을 쉽게 실족시키고 관계를 깨지게 하는 모습이다. 다른 사람들을 배려하고 양보하며 사랑과 평화의 관계를 지켜나가는 것이 예수님과의 사랑을 실천하는 일임을 잊지 말자.

자유를 향한 묵상

1. 당신 자신의 유익과 편리를 위해 다른 사람의 권리나 생각을 무시한 적이 있는가? 그렇다면 누구에 대해 어떤 식으로 그런 행동을 했는가?

   _____
   _____
   _____

2. 자신의 유익이나 편리를 우선시하기보다 다른 사람을 실족시키지 않기 위해 할 수 있는 일은 무엇인가?

   _____
   _____
   _____

3. 다음 빈 곳에 들어갈 자신의 경험을 적어보자.

   ↳ 나는 …하기 위해 권리를 포기한 적이 있다.

   _____

   ↳ 다른 사람에게 상처주지 않기 위해 나는 …한 적이 있다.

   _____

사람을 실족시키는 일 없이 관계를 보호하기 위해서는 어느 정도 권리를 포기해야 할 때가 있다. 이러한 배려와 헌신하는 마음 없이 진정한 사랑의 관계는 형성되기 힘들다. 사랑의 관계란 내 유익을 위한 관계가 아니라 상대의 유익과 편리를 위해 배려하는 관계이다.

● 오늘 새롭게 깨달은 것은 무엇인가?
_____
_____
_____

● 삶에 적용해보자.
1. _____
2. _____
3. _____

그런즉 너희의 자유가 믿음이 약한 자들에게 걸려 넘어지게 하는 것이 되지 않도록 조심하라. ▪고린도전서 8:9

Day 24_

아픔과 함께
자라나는 성장

이 모든 일에 전심 전력하여

너의 성숙함을

모든 사람에게 나타나게 하라

네가 네 자신과 가르침을 살펴

이 일을 계속하라

이것을 행함으로

네 자신과 네게 듣는 자를

구원하리라.

_디모데전서 4:15-16

Be diligent in these matters; give yourself wholly to them, so that everyone may see your progress. Watch your life and doctrine closely. Persevere in them, because if you do, you will save both yourself and your hearers. _1 Timothy 4:15-16

첫아들 애디슨이 태어났을 때가 기억난다. 나는 그가 다른 갓난아이들과 함께 신생아실에 있었을 때, 그 아이가 내 아이라는 것을 알 수 없었다. 그 아이는 아직 어떤 인격이나 개성을 가지고 있지 않았다. 친구들과 친척들이 찾아왔을 때 그들은 유아용 침대 위에 붙어 있는 이름표 없이는 좀처럼 애디슨을 구별해내지 못했다.

애디슨은 자라면서 나를 닮아가기 시작했다. 여섯 살쯤 되었을 때에는 우리 부모님이 나와 판박이라고 말씀하셨다. 출생이라는 생물학적 사실 이외에도 그의 성격과 인성이 나를 꼭 빼닮았기 때문이다. 애디슨은 자라갈수록 인격적인 성장도 거듭했다. 아이가 성숙하지 못한 상태 그대로 있다면 뭔가 잘못된 것이다. 영적인 면에서도 우리가 언제까지나 아기로 있는 것은 하나님의 뜻이 아니다.

애디슨은 어려운 상황들을 겪으면서 성숙한 인격을 형성할 수 있었다. 애디슨은 학교에 다니기 시작했을 때, 몇몇 말썽쟁이 아이들을 만났다. 나는 순간적으로 그들을 찾아가 문제를 해결하고 싶었지만 내가 끼어드는 것이 애디슨의 성장을 방해할 수 있을 것 같았다. 아내와 나는 애디슨이 그런 괴롭힘에 맞설 수 있도록 끊임없이 조언해주었다. 애디슨은 힘들어했지만 우리의 조언에 따라 행동했고 성숙한 모습으로 자라게 되었다.

하나님이 우리를 대하시는 방법도 이와 비슷하다. 애디슨이 힘들어할 때마다 아내와 내가 개입했더라면, 애디슨은 지금과는 다른 가치관을 가지고 다른 모습으로 문제에 대처하고 있을 것이다. 하지만 애디슨은 그곳에서 문제를 해결해나가면서 성숙해졌고 강해졌다. 성경에는 "그(예수님)가 아들이시면서도 받으신 고난으로 순종함을 배워서" 히 5:8라고 기록되어 있다. 육체적인 성장은 시간의 작용에 의해 이루어지지만 영적 성장은 순종을 통해 이루어진다.

우리는 우리가 겪게 되는 어려운 일들을 극복하는 과정을 통해 순종을 배우게 된다. 성경에 대한 더 많은 지식이 우리를 자라게 하는 것이 아니다. 순종이 우리를 영적으로 성장시킨다. 육체적인 성장은 시간의 작용에 의해 이루어지지만 영적 성장은 연단과 순종을 통해 이루어진다.

하나님의 사랑은 우리가 생각하는 것 이상으로 크다. 그래서 순종해야 할 자리에서 힘들다고 도망칠 때, 우리의 도피를 허용하신다. 우리를 위한 성장을 준비해놓으셨지만 두려운 나머지 도망치는 우리의 마음 또한 이해하시기 때문이다.

이세벨을 피해 달아났던 엘리야를 보면 그 사실을 알 수 있다.

엘리야는 영적 싸움에서 우상숭배자들을 이겼지만 이세벨이 그를 죽이겠다고 공포하자 두려운 나머지 도망쳐버렸다. 그는 크게 낙심하여 죽기를 구했다. 하나님께서는 엘리야가 이세벨에게 맞서기를 바라셨지만 힘들어하는 그의 마음을 이해하고 돌보셨다. 그런 후에 엘리야가 가야 할 길로 인도해주셨다.

때때로 하나님은 우리가 원하지 않는 상처와 의견들에 맞서야 할 상황을 만드신다. 하지만 우리는 그 상황에서 벗어나면 해결될 것이라고 생각하고 거기서 달아나버린다. 시험을 거부하는 것이 문제에서 자유로워질 수 있는 방법은 아니다. 의연한 마음으로 상황을 마주할 때, 우리는 자유로워진다.

순종은 그분의 뜻에 동의하는 것만으로 이루어지는 것이 아니다. 하나님의 명령에 실질적으로 순종해야 한다. 성령님의 인도함을 받도록 지속적으로 기도하라. 성령님은 항상 우리를 인도하고 계신다.

우리는 어려운 일들을 극복하는 과정을 통해 순종을 배우게 된다. 성령님의 말씀에 온전히 순종하게 되면 고난과 갈등의 시기를 겪으며 더욱 자라고 성숙해진다. 지적 성장은 교육에 의해 이루어지지만 영적 성장은 시간이나 교육에 의해 이루어지는 것이 아니다. 하나님의 계획에 저항하지 않고 순종할 때 우리는 영적 성장을 이룬다.

자유를 향한 묵상

1. 과거에 고통스러웠지만 하나님의 명령에 순종했던 사건이 있다면 순종 후에 어떤 성장이 있었는지 생각해보자.

   _____
   _____
   _____

2. 다음 성경 구절을 읽고, 하나님의 가르침이 상처받음, 영적 성장, 열매 맺음과 어떤 관련이 있는지 간략히 적어보자.

   ↳ 시편 1:1-3

   _____

   ↳ 요한복음 21:18-22

   _____

   ↳ 마가복음 4:16-20

   _____

3. 영적인 성숙은 힘든 고난에도 흔들리지 않고 말씀에 순종할 때 이루어진다. 부족하고 연약한 그리스도인이 아니라 성숙하고 건강한 그리스도인으로서 평안을 누리며 살기 위해 하나님 말씀에 순종하는 마음을 달라고 기도하자.

   _____
   _____

인생의 상처는 하나님께 순종하고 시련을 이겨내도록 하는 면역체와 같다. 뿐만 아니라 주위 사람들과 자신에게 보다 건강하고 깊은 관계를 맺게 하는 통로이다. 무엇보다 우리가 상처 속에서 순종함으로 얻게 되는 가장 큰 복은 주님과 함께하는 기쁨이다.

● 오늘 새롭게 깨달은 것은 무엇인가?
_____
_____
_____

● 삶에 적용해보자.
1. _____
2. _____
3. _____

우리가 당신을 우리 하나님 여호와께 보냄은 그의 목소리가 우리에게 좋든지 좋지 않든지를 막론하고 순종하려 함이라 우리가 우리 하나님 여호와의 목소리를 순종하면 우리에게 복이 있으리이다 하니라. ▪예레미야 42:6

Day 24 _ 아픔과 함께 자라나는 성장

Day 25_

고난과 도전은
성숙을 위한 훈련이다

형제들아 주의 이름으로 말한 선지자들을

고난과 오래 참음의 본으로 삼으라

보라 인내하는 자를

우리가 복되다 하나니

너희가 욥의 인내를 들었고

주께서 주신 결말을 보았거니와

주는 가장 자비하시고

긍휼히 여기시는 이시니라.

_야고보서 5:10-11

Brothers, as an example of patience in the face of suffering, take the prophets who spoke in the name of the Lord. As you know, we consider blessed those who have persevered. You have heard of Job's perseverance and have seen what the Lord finally brought about. The Lord is full of compassion and mercy. _James 5:10-11

이 세상은 각자 다른 가치와 문화, 욕구들을 나타내고 실현하려는 사람들로 혼란스러워 보인다. 그런 세상 속에서 살아가면서 예수 그리스도를 닮아가고 성숙해지려면 많은 도전과 장애를 극복해야 한다. 우리는 이기적인 풍조가 지배하는 세상을 거스르며 살아야 하기 때문이다. 그만큼 세상에서 순수한 그리스도인으로 살아가는 것은 쉬운 일이 아니다.

　과거에 살았던 바울이나 베드로도 쉬운 인생을 보장받지는 못했다. 하나님과 가까이 지내면 물질적으로 풍부하고 안락한 삶을 살 수 있을 것이라고 생각하는 사람들이 많은데 꼭 그렇지는 않다. 바울과 베드로는 오히려 더 많은 역경을 겪어야만 했다. 그들은 하나님과 가까웠지만 세상적인 풍요로움과 거리가 먼 삶을 살았다.

　예수님의 공생애 3년 동안, 제자들은 예수님과 함께 지냈으나 영적인 부분에서 많이 성장하지 못했다. 그들은 예수님과 함께 다니면서도 예수님이 이 땅에 오신 진짜 이유를 깨닫지 못하고 인간적인 욕망만을 채우려고 했다. 예수님과 함께 생활한 3년의 시간이 지난 뒤, 주님이 승천하시고 성령님이 임재하신 후에야 그들은 조금씩 깨닫고 달라지기 시작했다.

변화는 쉽게 이루어지지 않는다. 우리가 주님의 구원을 받아들이고 그리스도인이 되었다 하더라도, 인격적인 성숙과 영적인 성장은 때로 확인하기 어려울 만큼 천천히 이루어진다. 하지만 단언하건대 성장은 분명히 있다. 특히 힘든 영적 시련을 견뎌낸 사람들의 성숙은 눈부실 정도로 놀라운 것이고, 예전의 쓴 뿌리는 전혀 찾아볼 수 없다. 따라서 영적인 시련은 더 빠른 성장과 변화를 위한 지름길이다. 시련이야말로 주님이 계획하시고 허락하신 특별한 선물인 것이다.

베드로는 예수님의 공생애 기간 동안 함께했지만 다혈질에다가 비겁한 모습을 보이기도 했다. 그는 예수님이 로마 군병들에게 잡혀가던 날, 불같이 화를 내며 칼로 군병 중 한 명의 귀를 내리쳐 피 흘리게 했었다. 다행히도 예수님께서 로마 군병의 귀를 고쳐주셨지만, 베드로의 성격이 어떠했는지 짐작할 수 있는 대목이다. 베드로는 성급한 성격과 우유부단한 언행 때문에 수많은 시련을 겪어야만 했다. 하지만 그는 그 과정에서 주님을 더 깊이 만날 수 있었고, 신실하고 온유한 성격으로 변화될 수 있었다.

우리는 아픔과 인내를 거치면서 성장한다. 주님과 함께하는 삶의 여정에서 우리는 종종 괴로운 일과 힘든 도전에 직면하게 된다. 하지만 그런 도전과 시련은 주님 안에서 영적 성숙을 향해 가는 노정의 일부일 뿐이다. 만약 하나님께서 준비하신 이런 훈련의 장에서 도망쳐버린다면 우리는 결코 영적으로 성장하지 못할 것이다.

주님은 우리의 연약함을 아신다. 그리고 그분은 우리 각자에게 특별한 계획을 가지고 계신다. 말씀에 따라 순종하고 있는데도 변화되지 않아 낙망했다면 주님께 변화된 모습을 보여달라고 지속적으로 기도해보자. 성숙해진다는 것은 쉬운 일이 아니다. 그리스도의 성숙함에 도달하려면 인내와 성실함이 필요하다. 우리가 잘 인내하면 하나님이 계획하신 때에 영적인 성장을 경험할 것이며, 나중에 주님을 만났을 때 "잘하였도다"라는 칭찬을 받을 것이다.

우리의 삶에 나타나는 도전과 시련은 주님 안에서 영적 성숙을 향해 가는 노정의 일부일 뿐이다. 만약 하나님께서 준비하신 이런 훈련의 장에서 도망쳐버린다면 우리는 결코 영적으로 성장하지 못할 것이다. 혹시 변화되지 않아 낙망했다면 주님께 변화된 모습을 보여달라고 지속적으로 기도해보자.

자유를 향한 묵상

1. 고난은 삶을 황폐하게도 풍요롭게도 만들 수 있다. 고난이 당신에게 어떻게 작용했는지 돌아보고, 앞으로 고난에 대해 어떤 태도를 취해야 할지 생각해보자.

   _____
   _____
   _____

2. 고난을 겪었던 과거를 떠올려보고 그 이후 자신의 변화된 모습을 생각했을 때 어떤 느낌이 드는지 아래에 적어보자.

   _____
   _____
   _____

3. 고난을 통해 성숙했던 베드로를 떠올려보고 우리가 어디에 집중해야 하는지 아래에 적어보자(벧전 4:12-13 참조).

   _____
   _____

우리는 그리스도인으로서 고난 중에 원망과 미움을 이겨내면, 반드시 성장한다는 확신을 가지고 고난의 시간을 보내야 한다. 우리의 선조들이 그렇게 함으로써 인류에게 큰 영향을 미쳤듯이, 우리도 우리들을 향한 하나님의 계획을 이해하고 순종함으로써 영적인 성장을 이루어낼 수 있다.

● 오늘 새롭게 깨달은 것은 무엇인가?
___
___
___

● 삶에 적용해보자.
1. ___
2. ___
3. ___

시험을 참는 자는 복이 있나니 이는 시련을 견디어낸 자가 주께서 자기를 사랑하는 자들에게 약속하신 생명의 면류관을 얻을 것이기 때문이라.
▪야고보서 1:12

하나님이 고통을 허락하시는 이유

하나님이 쓰신 믿음의 사람들은 모두 깨어짐의 쓰라린 과정을 겪었다. 하나님의 사람인 모세도 그런 과정을 겪어야만 했다. 깨어짐이란 자신의 능력에 대한 모든 소망을 포기한 상태를 말한다. 이것은 하나님께 쓰임받기 위해 겪어야만 하는 필수 과정이다. 그렇기 때문에 그 의미를 올바로 이해하는 것은 매우 중요하다.

"내가 진실로 진실로 너희에게 이르노니 한 알의 밀이 땅에 떨어져 죽지 아니하면 한 알 그대로 있고 죽으면 많은 열매를 맺느니라"
요 12:24.

새로운 생명을 얻기 위해서는 먼저 죽어야 한다고 예수님은 말씀하셨다. 땅에 심겨진 씨는 일단 죽어야 한다. 껍질이 벗겨지고 죽어야 그 안에 있는 생명이 움터서 땅 위로 솟아나게 된다. 예수님은 우리에게 있는 자족하는 마음이 죽어서 생명의 열매를 맺기 원하신다. 그렇게 해야 자신을 의지하는 삶의 방식과 전략을 멈추고, 새로운 생명으로 태어날 수 있기 때문이다.

어떤 신화에 피닉스라는 새가 나온다. 이 새는 끊임없이 날아다닌다. 잠시라도 날갯짓을 멈추면 육지로 떨어져 불타버리기 때문이다. 그러던 어느 날 이 새는 육지에 발을 내려놓을 수밖에 없는 상황을 맞았다. 그런데 불에 타 형체가 사라진 바로 그 순간, 놀랍게도 새로운 새로 탄생하여 날아올랐다. 그렇다. 여기가 바로 주님이 우리에게 내려오라고 하시는 자리다. 당신이 예수님을 주인으로 맞이하기 원할 때, 바로 그때가 하나님이 당신을 초청하는 때이다.

그리스도인들은 스스로의 힘으로 살아남기 위해 계속해서 발버둥 치며 날개를 퍼덕인다. 우리는 아무리 피곤해도 끊임없이 날고자 한다. 하나님은 이런 우리가 지치고 다쳐서 모든 것을 포기할 때까지 기다리신다. 우리의 모든 자아가 불타버릴 때까지. 사랑의 하나님이 이런 우리가 지치고 다쳐서 모든 것을 포기할 때까지 기다리신다. 우리의 모든 자아가 불타버릴 때까지. 사랑의 하나님이 이런 방법으로 일하시는 이유를 이해할 수 없다고 말하는 사람도 있다. 그러나 하나님은 우리를 사랑하시기 때문에 그런 일이 일어나도록 허락하신다. 즉 우리를 사랑하시기 때문에 오히려 우리가 실망하고 고통을 통과하기까지 우리를 기다리시는 것이다.

스티브 맥베이, 《은혜 영성의 파워》

Day 26_

길안내자의 음성에
귀기울여라

오라 우리가 굽혀 경배하며

우리를 지으신 여호와 앞에 무릎을 꿇자

그는 우리의 하나님이시요

우리는 그가 기르시는 백성이며

그의 손이 돌보시는 양이기 때문이라

너희가 오늘 그의 음성을 듣거든

너희는 므리바에서와 같이

또 광야의 맛사에서 지냈던 날과 같이

너희 마음을 완악하게 하지 말지어다.

_시편 95:6-8

Come, let us bow down in worship, let us kneel before the LORD our Maker; for he is our God and we are the people of his pasture, the flock under his care. Today, if you hear his voice, do not harden your hearts as you did at Meribah, as you did that day at Massah in the desert. _Psalms 95:6-8

믿는 사람은 성급하게 행동하지 않는다. 왜냐하면 하나님이 함께하심을 확신하기 때문이다. 자신의 계획을 가지고 움직이는 것이 아니라 영원불변하고 전능하신 하나님의 계획으로 움직이기 때문에 어떤 상황에서도 흔들리지 않는다. 하지만 자신의 계획만을 의지하고 사는 사람은 불안정하다. 그의 행동에는 반드시 이루어질 것이라는 근거가 없기 때문에, 폭풍 같은 고난이 닥치면 쉽게 혼란에 빠진다. 우리 인생의 길을 다 준비하고 계획하시는 분은 하나님이시다. 그래서 우리는 삶의 방향을 알고자 할 때 하나님의 음성을 들어야 한다.

기름부음 받은 목사의 설교를 듣거나 신앙 서적을 읽을 때, 우리는 영혼을 울리는 성경구절을 찾을 수 있다. 그 구절은 하나님이 우리에게 직접 하시는 말씀이며, 하나님의 빛과 영적 이해를 담고 있다. 다윗은 "주의 말씀을 열면 빛이 비치어 우둔한 사람들을 깨닫게 하나이다" 시 119:130라고 노래했다. 하나님은 말씀을 통하여 우리의 마음에 빛을 비추시고, 우리가 하나님을 더 잘 알 수 있도록 인도하신다.

하나님의 말씀을 지식으로만 이해하면 말씀이 인생의 길잡이가 되지 못한다. 지식만 높아지면 논리와 형식에 집착하여 하나님이 감성적으로 말씀하시는 명령과 약속을 실제로 실행하기 힘들다. 하나님은 '계시의 말씀 위에 교회가 세워지리라'고 말씀하셨다. 하나님의 말씀은 우리 마음으로 들어오는 것이지 머리로 들어오는 것이 아니다.

때로 예배를 드릴 때 하나님께서 마음속에 설교의 주제와 완전히 다른 메시지를 주실 때가 있다. 물론 설교자가 전하고자 하는 대로 하나님께서 은혜를 주시기도 한다. 이 두 가지 모두 하나님께서 주시는 계시의 말씀이다. 중요한 것은 하나님께서 성령을 통해 우리에게 주신 말씀은 아무도 빼앗을 수 없다는 것이다. 그 말씀은 행동의 토대가 되며 기습적으로 공격하는 시험과 고난을 이겨내는 힘이 된다. 만일 하나님의 말씀을 토대로 삶의 기초를 세우지 못하면, 마음을 시험하는 폭풍우가 닥칠 때 가장 먼저 흔들리게 된다. 그런 폭풍우가 불어오면 기초가 없으므로 순식간에 다른 사람들의 의견에 따라 삶의 궤도를 바꾼다. 즉 하나님의 말씀이나 약속이 아니라 사람들의 의견이나 주장을 진리로 받아들이는 실수를 범하는 것이다.

예수님을 따르던 많은 사람들도 그런 실수를 범했다. 먹을 것을 주고 병을 고쳐주기 때문에 예수님을 따랐던 사람들은 주님이 고난을 당하자 모두 떠나버렸다. 하지만 베드로처럼 고백하며 예수님을 따른 이들도 있었다.

"그때부터 그의 제자 중에서 많은 사람이 떠나가고 다시 그와 함께 다니지 아니하더라 예수께서 열두 제자에게 이르시되 너희도 가려느냐 시몬 베드로가 대답하되 주여 영생의 말씀이 주께 있사오니 우리가 누구에게로 가오리이까 우리가 주는 하나님의 거룩하신 자이신 줄 믿고 알았사옵나이다" 요 6:66-69.

시험을 당해도 넘어지지 않으려면 말씀이라는 반석 위에 자신을 세워야 한다. 예수님이 베푸시는 기적을 체험했음에도 떠나버린 사람들은 말씀 안에서 견고하게 서지 못했기 때문이다. 그래서 자신들의 기대와 동떨어진 예수님을 보게 되자 실망하고 쉽게 떠나버린 것이다. 하지만 우리는 개인적인 판단이나 과도한 기대 없이 베드로처럼 오직 주님을 따르는 단호한 태도를 견지해야 한다. 어떠한 상황에서도 우리를 가장 좋은 길로 인도하시는 주님의 음성에 귀기울이고 따른다면 결국 승리를 얻게 될 것이다.

믿는 사람은 성급하게 행동하지 않는다 왜냐하면 하나님이 함께하심을 확신하기 때문이다. 전능하신 하나님의 계획으로 움직이기 때문에 어떤 상황에서도 흔들리지 않는다. 우리 인생의 모든 길을 준비하고 계획하신 분은 하나님이시다. 따라서 우리는 우리 삶의 방향을 알고자 할 때 하나님의 음성을 들어야 한다.

자유를 향한 묵상

1. 하나님의 인도를 기다리지 않고 당신의 힘만으로 무언가를 해보려고 한 적이 있는가? 그리고 하나님의 인도에 따라 일을 한 적이 있는가? 두 가지 일의 차이는 무엇인가? 그때 당신의 마음은 어땠는지 생각해보자.

   _____
   _____
   _____

2. 하나님 말씀이 한 주간의 삶을 어떻게 깨우쳐주는가? 다음은 하나님의 음성을 들을 수 있는 몇 가지 방법이다. 자신의 삶을 위해 실천하고 있는 것에 표시해보자.

   ____ 성경 공부   ____ 성경 통독   ____ 찬송가 부르기
   ____ 복음 전도   ____ 성경 교육   ____ 신앙서 읽기
   ____ 찬송가 합창곡 듣기
   ____ 기타: _____

3. 하나님의 음성을 듣고 하나님의 인도에 따라 살아가는 담대함을 갖기 위해서 당신이 할 수 있는 일은 무엇인가? 당신이 꼭 실천할 수 있는 방법과 실천 계획을 적어보자.

   _____
   _____
   _____

우리가 여러 가지 무거운 짐을 내려놓고 자유로운 마음이 되면 하나님의 음성을 듣기가 쉬워진다. 여러 가지 방법 중 가장 잘 맞는 방법을 정하여 규칙적으로 시간을 정해서 하나님의 음성을 듣는 생활을 한다면 평안과 기쁨이 찾아올 것이다. 그리고 하나님의 소명을 더욱 힘 있게 감당할 수 있을 것이다.

● 오늘 새롭게 깨달은 것은 무엇인가?
_____
_____

● 삶에 적용해보자.
  1. _____
  2. _____
  3. _____

여호와께서 기다리시나니 이는 너희에게 은혜를 베풀려 하심이요 일어나시리니 이는 너희를 긍휼히 여기려 하심이라 대저 여호와는 정의의 하나님이심이라 그를 기다리는 자마다 복이 있도다. ■이사야 30:18

Day 27_

배려와 섬김을 실천하는 방법

형제들아 너희가 자유를 위하여

부르심을 입었으나 그러나

그 자유로 육체의 기회를 삼지 말고

오직 사랑으로

서로 종노릇 하라.

_갈라디아서 5:13

You, my brothers, were called to be free. But do not use your freedom to indulge the sinful nature; rather, serve one another in love. _Galatians 5:13

성경은 우리에게 하나님의 자녀로서 우리의 형제이신 예수님의 태도를 배우라고 권고하고 있다. "형제들아 너희가 자유를 위하여 부르심을 입었으나 그러나 그 자유로 육체의 기회를 삼지 말고 오직 사랑으로 서로 종노릇 하라" 갈 5:13.

왜 바울이 갈라디아서에서 '사랑으로 서로 종노릇 하라'고 이야기했을까. 종노릇은 자유를 포기하는 행위이다. 상대방의 안위와 평화를 위해서 자신이 하고 싶은 일을 하지 않는 것이다. 억지로 종노릇을 한다면 그것은 노예 같은 모습이지만, 주인의 뜻을 잘 이해하고, 그의 뜻을 기쁜 마음으로 온전히 실행하는 것은 주인의 마음에 흡족한 자녀의 모습이다. 사랑하는 마음으로 섬긴다면 그것은 순수한 베풂으로써 또 다른 자유를 누리게 하며 사람들을 위한 유익한 결과를 만들어낸다.

어떤 그리스도인들은 섬기는 일을 할 때 화를 억누르며 억지로 한다. 그들은 율법에 얽매여 주님이 주신 계명들을 잘 이해하지 못하고 주어진 일을 기쁨 없이 억지로 하는 것이다. 그들은 자신들이 섬기기 위해서 자유로워졌다는 사실을 모르기 때문이다. 그래서 어떤 일이 주어지면 다른 사람들의 이익보다는 자기 자신의 이익을 위해 발버둥친다. 이런 사람들은 하나님의 참사랑을 경험하기 전까지는 미숙한 어린아이와 같이 여러 사람들을 힘들게 하며 살아간다.

사도 바울은 로마서와 고린도서에서 이런 태도에 대해 예를 들어 설명하였다. 어느 날 성도들이 이방 제사에 쓰인 음식을 먹을 수 있을 것인가에 대해 논쟁하게 되었다. 믿음이 약한 성도들은 모든 음식이 깨끗해졌음에도 불구하고 우상에게 바쳐진 음식은 먹을 수 없다고 생각했다. 하지만 믿음이 강한 그리스도인들은 믿음이 약한 성도들 앞에서 출처가 불분명한 고기를 먹고 있었다. 비록 예수님께서 모든 음식을 거룩하게 하셨을지라도, 믿음이 약한 사람들에게는 이런 음식을 먹는 것에 문제가 있는 것처럼 보였다. 그래서 믿음이 강한 성도들은 먹어도 된다고 하고 믿음이 약한 성도들은 먹어서는 안 된다고 하며 서로 논쟁을 벌이고 있었던 것이다.

사도 바울은 이에 대해 "믿음이 연약한 자를 너희가 받되 그의 의견을 비판하지 말라 어떤 사람은 모든 것을 먹을 만한 믿음이 있고 믿음이 연약한 자는 채소만 먹느니라… 만일 음식으로 말미암아 네 형제가 근심하게 되면 이는 네가 사랑으로 행하지 아니함이라 그리스도께서 대신하여 죽으신 형제를 네 음식으로 망하게 하지 말라" 롬 14:1-2, 15라고 말하며 믿음이 연약한 이들을 배려하라고 권면했다. 아무리 올바른 일을 할지라도 다른 사람이 그 일로 인해 갈등하거나 실족하게 된다면 먼저 그들을 배려하라는 것이다. 이것은 올바른 일을 하지 말라는 뜻이 아니라 다른 사람들을 배려하며 실족시키지 않도록 주의하라는 예수님의 가르침이다.

만일 그들이 모두 성숙하여 진정으로 사랑하며 섬기고 종노릇 했다면 이런 문제는 생기지 않았을 것이다. 진정으로 이타적인 사랑을 가지면 타인을 위해 자신의 것을 양보하는 것이 어렵지 않다. 또한 보상을 바라지 않으며 비난하지도 않는다. 서로의 상황을 살피며 어떻게 하면 상대가 상처받지 않고 실망하지 않을지 고민할 것이다. 이것이 바로 형제를 위해 사랑하는 마음으로 배려와 섬김을 실천하는 모습이다.

예수님은 우리가 서로 사랑하고 섬겨주기를 바라셨다. 진정으로 이타적인 사랑을 가지면 타인을 위해 자신의 것을 양보하는 것이 어렵지 않다. 또한 보상을 바라지 않으며 비난하지도 않는다. 서로의 상황을 살피며 상대가 상처당하거나 실망하지도 않도록 고민할 것이다 이것이 바로 형제를 위해 사랑하는 마음으로 배려와 섬김을 실천하는 모습이다.

자유를 향한 묵상

1. 당신이 올바르다고 생각되는 일을 하기 위해 다른 사람을 배려하거나 섬기기를 포기한 적이 있는가?

2. 당신의 지위나 위치가 높아지고 유리해졌기 때문에 다른 사람을 무시하거나 자기의 주장만을 앞세운 일이 있는가? 그러한 상황 속에서 주변 사람들과 관계는 어떻게 변했나?

3. 주님이 주신 계명들 속에서 발견할 수 있는 '섬김의 모습'은 무엇인가?

우리는 살아계신 하나님의 자녀이기 때문에, 하나님이 주신 자유와 특권을 우리 자신만을 위하여 사용해서는 안 된다. 자유는 다른 사람을 섬기라고 있는 것이기 때문이다. 섬기는 자에게는 자유가 있지만 노예에게는 속박만 있을 뿐이다. 노예는 어쩔 수 없이 남의 시중을 들어야 하지만 하나님의 종은 다른 사람을 자발적으로 섬기는 사랑의 사람이다. 사랑하는 가족들을 위해 희생하는 것이 기쁨인 것처럼 하나님의 사람들을 배려하고 사랑하는 것이 기쁨이 될 수 있다.

● 오늘 새롭게 깨달은 것은 무엇인가?

● 삶에 적용해보자.
    1.
    2.
    3.

너희 중에 큰 자는 너희를 섬기는 자가 되어야 하리라. ■마태복음 23:11

Day 28_

순종과 믿음과 사랑의 관계

너희가 진리를 순종함으로

너희 영혼을 깨끗하게 하여

거짓이 없이

형제를 사랑하기에 이르렀으니

마음으로 뜨겁게 서로 사랑하라.

_베드로전서 1:22

Now that you have purified yourselves by obeying the truth so that you have sincere love for your brothers, love one another deeply, from the heart. _1 Peter 1:22

오늘날에는 '믿는다'는 말의 의미가 많이 퇴색되었다. 대다수 사람들에게 '믿는다'는 것은 어떤 사실을 인정한다는 뜻일 뿐, '순종한다'는 의미는 담겨 있지 않다. 하지만 베드로전서 2장 6-8절을 자세히 읽어보면, '믿는다'의 반대가 '순종하지 않다'임을 알 수 있다. 성경에는 "하나님이 세상을 이처럼 사랑하사 독생자를 주셨으니 이는 그를 믿는 자마다 멸망하지 않고 영생을 얻게 하려 하심이라" 요 3:16고 기록되어 있다.

우리는 '믿는다'는 말의 뜻을 잘못 알고 있기 때문에, 그저 '예수님이 정말 살아계셨고, 갈보리에서 돌아가시어 하나님의 우편에 앉으셨다.'는 것을 인정하면 된다고 생각한다. 하지만 믿는다는 게 그것뿐이라면 귀신도 하늘의 보좌에 앉을 수 있을 것이다. 성경에는 "네가 하나님은 한 분이신 줄을 믿느냐 잘하는도다 귀신들도 믿고 떠느니라" 약 2:19고 쓰여 있다. 하나님을 믿기 때문에 우리는 순종할 수 있다.

Day 28 _ 순종과 믿음과 사랑의 관계

우리가 주님의 성품이 어떠한지, 사랑이 어떠한지 진정으로 알게 되면 그분에게 순종하는 것은 어렵지 않다. 우리와 주님의 관계에서는 사랑이 가장 중요하기 때문이다.

　　우리가 가정에서 부모님과 좋은 사랑의 관계를 맺고 있다면 주님과의 관계도 좋을 것이다. 우리가 가장 사랑하는 사람을 바라보는 느낌으로 예수님을 생각하기 때문이다. 그러나 가정에서 사랑을 많이 느끼지 못하는 사람의 경우에는 주님의 사랑이 어떤 것인지 잘 알지 못할 수도 있다. 그래서 주님과의 관계를 잘 구축하기 위해서는 이 세상 사람들과 함께 진실된 사랑의 관계를 경험하는 것이 중요하다. 서로 믿고 의지하고 돕고 정성껏 보살펴주는, 그런 순수하고 진실된 사랑의 관계를 경험한다면 주님의 사랑이 어떤 것인지 더 잘 알 수 있다. 주님은 우리와 같은 인격체로서 친밀하고 진실한 사랑의 관계를 원하시기 때문이다.

　　우리가 주님과 사랑의 관계를 진실로 경험하게 되면 하나님의 뜻에 순종하는 삶을 사는 것이 어렵지 않다. 그러나 순종의 삶을 살다 보면, 다른 사람들의 욕구를 채워주지 못할 수도 있고, 그로 인해 고통을 겪을 수도 있다. 예수님도 사역하시면서 이스라엘 종교 지도자들의 엄청난 반대에 부딪쳐 고난을 당하셨다.

　　그런데 사탄이 우리에게서 하나님에 대한 신뢰를 **빼앗으려** 할 때 사용하는 방법 중 하나는 우리가 하나님의 성품을 오해하도록 만드는 것이다. 에덴동산에서 있었던 일을 생각해보라. 하와에게 다가가서 "하나님이 참으로 너희에게 동산 모든 나무의 열매를 먹지 말라 하시더냐"창 3:1라고 물으며 하나님의 성품을 왜곡했다. 이 말은 '하나님이 모든 좋을 것을 손대지 못하게 했느냐'는 분위기를 만들어냈다. 하지만 하나님은 '선악을 알게 하는 나무만 제외하고 모든 나무 실과를 먹어도 된다.'고 말씀하셨다.

어린아이들은 성숙하지 못해서 부모의 가르침을 잘 이해하지 못하지만 그들도 자라면 이해할 수 있게 된다. 그래서 아이들은 이해되지 않더라도 부모님이나 선생님의 말에 그저 따르고 순종하는 훈련을 받는다. 우리도 믿음이 약할 때에는 어린아이와 같아서 이해하지 못할 때가 있지만 이렇게 말할 수는 있다. "이해는 못하지만 하나님을 믿습니다." 그리고 하나님의 말씀에 그대로 순종할 수 있다. 이것이 진정한 믿음이다. 어린아이가 부모의 능력을 가늠하여 의지하지 않듯이, 우리도 주님에 대해서 완전히 알지는 못하지만 그냥 믿고 순종해야 한다. 그때 비로소 진정한 믿음이 생기는 것이다. 우리가 순종을 통해 흔들리지 않는 믿음을 가지게 되면 하나님의 사랑을 온전하게 경험하고 실천할 수 있다.

우리가 주님의 성품이 어떠한지, 사랑이 어떠한지 진정으로 알게 되면 그분에게 순종하는 것은 어렵지 않다. 순종을 통해 자란 믿음은 큰 사랑을 할 수 있게 한다. 우리가 주변 사람들과 서로 믿고 의지하고 돕고 정성껏 보살펴주는, 순수하고 진실된 사랑의 관계를 경험한다면 주님의 사랑이 어떤 것인지 더 잘 알 수 있다. 주님은 인격체로서 친밀하고 진실한 사랑의 관계를 원하시기 때문이다.

자유를 향한 묵상

1. 당신은 어릴 때 부모를 얼마나 의지하고 믿어왔는가? 부모님은 당신에게 어떻게 순종을 가르치고 훈련시켜주었는가? 그 순종이 부모님에 대한 믿음을 키워준 사례를 들어보자.

   _____
   _____

2. 하나님은 우리가 말씀에 순종하기를 원하신다. 당신이 하나님에 대한 믿음을 키워나가기 위해 할 수 있는 가장 핵심적인 방법은 무엇인지 적어보자.

   _____
   _____

3. 다음 문장을 완성해보자.
   ↳ 나에게 순종이란 _____ 이다.
   ↳ 나에게 믿음이란 _____ 이다.
   ↳ 나에게 사랑이란 _____ 이다.

성경에서 '믿는다'는 말은 심오한 의미를 지니고 있다. 믿음은 단순히 어떤 존재를 인정하거나, 머리나 마음으로 동의하는 차원을 넘어선 것이다. 베드로전서 2장 6-8절의 본질적인 맥락을 파악하면, '믿음'의 중요한 요소가 '순종'임을 알 수 있다. 따라서 우리는 이 구절을 다음과 같이 읽을 수 있다. "그러므로 '순종하는' 너희에게는 보배이나 불순종하는 자에게는 건축자들이 버린 그 돌이 모퉁이의 머릿돌이 되고 또한 부딪치는 돌과 걸려 넘어지게 하는 바위가 되었다 하였느니라."

● 오늘 새롭게 깨달은 것은 무엇인가?
_____
_____
_____

● 삶에 적용해보자.
  1. _____
  2. _____
  3. _____

믿음으로 노아는 아직 보이지 않는 일에 경고하심을 받아 경외함으로 방주를 준비하여 그 집을 구원하였으니 이로 말미암아 세상을 정죄하고 믿음을 따르는 의의 상속자가 되었느니라. ▪히브리서 11:7

Day 29_

새로운 나의 정체성,
하나님의 자녀

우리가 이제부터는

어떤 사람도 육신을 따라 알지 아니하노라

비록 우리가 그리스도도 육신을 따라 알았으나

이제부터는 그같이 알지 아니하노라

그런즉 누구든지 그리스도 안에 있으면

새로운 피조물이라

이전 것은 지나갔으니

보라 새 것이 되었도다.

_고린도후서 5:16-17

So from now on we regard no one from a worldly point of view. Though we once regarded Christ in this way, we do so no longer. Therefore, if anyone is in Christ, he is a new creation; the old has gone, the new has come! _2 Corinthians 5:16-17

우리는 예수님을 믿는 순간 우리가 지은 과거의 죄뿐만 아니라 미래의 죄까지도 모두 용서받는다. 예수님을 믿는 순간 우리가 지은 죄를 모두 용서받았다는 뜻이다. 그것은 어떠한 대가를 치르지 않고 그분을 구주로 받아들이고 인정하기만 하는데도 받게 되는 은혜이다. 그래서 우리도 다른 사람들의 죄를 기꺼이 용서할 수 있다. 이제는 우리의 신분이 죄인에서 하나님의 아들과 딸로 변화되었다. 우리는 이제 과거처럼 분노하고 괴로워하고 불안해하고 자주 신경질을 내는 사람이 아니다. 예수님은 우리에게 '너는 이제 완전히 새롭게 되었다'고 말씀하셨다. 그리고 "허물로 죽은 우리를 그리스도와 함께 살리셨고… 또 함께 일으키사 그리스도 예수 안에서 함께 하늘에 앉히시니"엡 2:5-6라고 하시며 우리를 이미 천국에 앉히셨다고 말씀하셨다.

우리는 이 땅에 살고 있지만 실제로는 천국에 집이 있는 사람이다. 이렇게 우리는 이미 하나님의 아들과 딸이자 천국 시민으로 인정받은 사람들이다. 그러므로 이제는 세상에서 다른 사람에게 인정받으려고 애쓸 필요가 없다. 가장 존귀하고 위대하신 분이 이미 우리를 완전한 존재로 인정해주셨기 때문이다.

예수님은 자신의 정체성을 잘 알고 계셨다. 주님은 목수의 아들로 태어나 목수로 성장했지만 때가 되자 자신의 사명을 감당하셨다. 예수님은 하나님의 아들로서 이 세상에 하나님의 사랑을 실천하라고 보내졌다는 사실을 정확하게 알고 계셨던 것이다. 그래서 아무런 거리낌 없이 수건을 허리에 두르고 대야에 물을 담아 제자들의 발을 씻기며 어떻게 사람을 사랑하고 배려해야 하는지 모범을 보이셨다. 예수님은 자신의 정체성을 잘 알고 계셨기 때문에 사회의 정치나 권력, 성공 등에 연연하지 않고 언제나 내적인 안정감과 평정심을 가지고 자유롭게 행동하셨다. 그리고 어떠한 행동을 할 때 사람들의 평가에 신경을 곤두세우거나 인정받으려고 노력하지 않으셨다.

만일 누군가 우리에게 사랑을 실천하고 보여주기 위해 누군가의 발을 씻어주라고 하면 우리는 어떻게 반응할까? 우리의 자존심이 '뭐라고요? 내가 왜 사람들의 지저분한 발을 씻어줘야 되나요?'라고 외치지 않을까? 그렇다면 새롭게 변한 정체성을 다시 한 번 기억해보자. 우리는 완전히 인정받은 거룩한 하나님의 아들과 딸이며, 예수님의 사랑과 능력을 우리도 가지게 되었다.

혹시 부모님이나 형제들이 충분한 사랑과 지지를 보내주지 않아서 서운하다면, 하나님이 부모님이며 예수님이 형제라는 사실을 기억하자. "너희에게 아버지가 되고 너희는 내게 자녀가 되리라 전능하신 주의 말씀이니라 하셨느니라" 고후 6:18. "형제들아 너희는 이삭과 같이 약속의 자녀라" 갈 4:28. 그분께서 우리를 온전히 사랑하고 지지하며 응원하고 계신다는 것을 기억하자. 그분은 항상 우리 안에서, 우리 곁에서, 우리의 삶에 동행하시며 지켜주고 계신다.

이제 우리는 다른 사람에게 연연해하거나 자신의 미래를 걱정하는데 에너지를 낭비할 필요가 없다. 우리는 이 땅에 살지만 이미 천국에 사는 천국 시민이기 때문에 현재 여기에서 천국 시민의 마음으로 살아가야 할 것이다.

우리는 예수님을 믿는 순간 우리가 지은 과거의 죄뿐만 아니라 미래의 죄까지도 모두 용서받았다. 단지 그분을 나의 구주로 받아들이고 인정하기만 했는데 말이다. 이제 하나님이 우리의 부모님이며 예수님이 우리의 형제다. 그분께서 우리를 온전히 사랑하고 지지하며 응원하고 계신다는 것을 기억하자. 그분은 항상 우리 안에서, 우리 곁에서, 우리의 삶에 동행하시며 지켜주고 계신다.

자유를 향한 묵상

1. 당신은 예수님을 믿는 순간 모든 죄를 용서받았다는 사실을 알고 있는가? 모르고 있었다면 또는 알면서도 그것을 잊고 살았다면 아래의 말씀을 마음에 새겨두자.

    "영접하는 자 곧 그 이름을 믿는 자들에게는 하나님의 자녀가 되는 권세를 주셨으니 이는 혈통으로나 육정으로나 사람의 뜻으로 나지 아니하고 오직 하나님께로부터 난 자들이니라"(요 1:12-13).

    _____
    _____
    _____

2. 당신은 가장 존귀한 하나님의 자녀로 인정받았으므로 다른 사람에게 인정받지 않아도 된다. 옛날의 자신이 새롭게 변한 모습과 짝이 되도록 줄을 이어보자.

    나는 부적당하고 모자라다. •   • 나는 항상 그분의 승리 안에 있다 고후 2:14.
    나는 항상 죄책감을 느낀다. •   • 하나님이 나를 용서하셨다 엡 1:7.
    나는 실패했고 희망이 없다. •   • 나는 그리스도께 완전히 속했다 롬 15:7.
    나는 사랑받지 못하고 있다. •   • 나는 이미 변화된 새로운 피조물이다 고후 5:17.
    나는 결코 변할 수 없다. •   • 나는 그리스도 안에서 완전하다 골 2:10.

3. 단번에 모든 죄를 용서해주시고 또한 다른 사람도 용서할 수 있는 용기를 주

시며, 완전히 새로운 사람으로 변화시켜주신 하나님께 감사기도를 드리자.
_____
_____

● 오늘 새롭게 깨달은 것은 무엇인가?
_____
_____
_____

● 삶에 적용해보자.
  1. _____
  2. _____
  3. _____

그 바라는 것은 피조물도 썩어짐의 종노릇 한 데서 해방되어 하나님의 자녀들의 영광의 자유에 이르는 것이니라. ■로마서 8:21

Day 30_

완전한 관계의 회복

이로써 그 보배롭고 지극히 큰 약속을

우리에게 주사 이 약속으로 말미암아

너희가 정욕 때문에

세상에서 썩어질 것을 피하여

신성한 성품에 참여하는 자가 되게 하려 하셨느니라.

_베드로후서 1:4

Through these he has given us his very great and precious promises, so that through them you may participate in the divine nature and escape the corruption in the world caused by evil desires. _2 Peter 1:4

하나님의 자녀가 된 우리가

앞으로의 인생 여정 중에서 계속 성장해야 할 부분은 성품이다. 하나님은 우리의 무지와 욕심 때문에 하나님이 주신 원래의 성품이 계발되지 않거나, 아예 반대의 성품으로 고착되는 위험성에 대해 주의를 주셨다. 성품이란 사람이 태어날 때부터 갖고 있는 개개인의 성격이나 특성, 정신 등을 말한다 신 6:5; 13:3; 30:6. 원래부터 성격이 급한 사람, 느린 사람, 말을 많이 하는 사람, 조용한 사람, 머리로 이해하는 것을 좋아하는 사람, 몸으로 부딪쳐야 이해하는 사람 등 사람들의 성격적 특성은 다양하다. 급한 사람은 추진력의 성품을, 느린 사람은 편안함의 성품을, 말을 많이 하는 사람은 사교성의 성품을, 조용한 사람은 경청의 성품을, 머리로 이해하는 사람은 지식의 성품을, 몸으로 부딪쳐야 하는 사람은 용감함의 성품을 가졌다. 이렇게 사람마다 성격적 특성과 성품이 달라도 한 사람도 빠짐없이 모든 사람이 하나님의 계획 속에 선한 의도와 목적을 가지고 태어났다. 그래서 우리는 하나님께서 주신 성격적 특성대로 성품을 계발하고 발전시켜 하나님이 주신 선한 의도와 목적을 이루어야 한다.

하나님이 우리에게 주신 선한 목적은 인생을 살아가면서 여러 가지 모양으로 표현되지만, 궁극적으로 겸손과 온유, 그리고 오래 참음으로 우리가 서로 사랑하는 것이다. "그러므로 주 안에서 갇힌 내가 너희를 권하노니 너희가 부르심을 받은 일에 합당하게 행하여 모든 겸손과 온유로 하고 오래 참음으로 사랑 가운데서 서로 용납하고 평안의 매는 줄로 성령이 하나 되게 하신 것을 힘써 지키라"엡 4:1-3. 즉 우리에게 주신 꿈은 각기 달라도 그것을 실현하는 과정을 통해 결국 서로 사랑하는 것을 원하신다. 우리가 말하는 좋은 성품, 배려, 포용, 이해, 용기, 인내, 성실 등 거의 모든 성품들이 결국은 사랑을 부분적으로 나타내는 표현들인 것이다.

상처를 잘 받는 사람이나 분노, 슬픔, 불안 등의 정서적인 문제를 안고 있는 사람은 대부분 성장하는 과정에서 사랑을 충분히 받지 못했거나 또는 인생의 어느 시기에 사랑을 잃어버린 사람일 수 있다. 무조건적인 사랑을 경험해본 적이 없는 사람은 다른 사람을 제대로 사랑하지 못한다. 사랑이 무엇인지 근사한 이론으로 설명할 수 있을지는 몰라도 감정적으로는 진정한 사랑을 주고받지 못하는 것이다. 그런데 놀라운 일은 세상에는 이렇게 진정한 사랑을 경험해본 적이 없는 사람이 너무 많다는 사실이다. 그리고 이러한 사람들은 실제로 너무도 갈급하게 사랑을 경험하기를 원한다. 그래서 감정이 메마르고, 불평하고, 논리적이고, 따지기 좋아하고, 비판적이고, 화를 잘 내는 사람에게 사랑이 더욱 필요하다.

하나님의 자녀가 된 우리는 하나님이 공급해주시는 무한정한 사랑의 자원으로 누구든지 사랑할 수 있다. 주변 사람들이 오해하고 불평할지라도 우리는 하나님이 그들을 사랑하실 수 있도록 통로가 될 수 있다. 하나님이 주신 우리의 성품들로 배려와 포용, 겸손과 온유, 인내와 용기를 나타낼 수 있다. 그러면 사람들은 우리의 성품을 통해 '진정한 사랑'이 무엇인지 조금씩 알아갈 것이다.

하나님이 우리의 깨진 관계를 회복시켜주시고 하나님의 영광된 자녀로 삼아주셨듯이, 우리가 다른 사람에게 하나님의 사랑을 실천할 때 그들도 깨어지고 부서진 관계를 회복할 수 있다. 우리가 진정으로 서로 사랑하는 모습을 보이면, 사람들은 하나님의 사랑이 어떤 것인지 감성적으로 느끼게 된다. 사람들은 비판이나 판단하는 마음 없이 존귀한 존재로서 그들을 존중하는 우리의 자세를 보고 닫힌 마음의 문을 연다. 그때 그들은 당신과 하나님과의 완전한 관계 속으로 천천히 걸어 들어올 것이다.

하나님이 우리에게 주신 선한 목적은 우리가 하나님의 자녀로서 겸손과 온유, 그리고 오래 참음으로 서로 사랑하는 것이다. 하나님이 우리의 깨진 관계를 회복시켜주시고 하나님의 영광된 자녀로 삼아주셨듯이, 우리가 하나님의 사랑을 나타낼 때 그들도 깨어지고 부서진 관계에서 완전한 관계로 회복된다.

자유를 향한 묵상

1. 여러 가지 훈련의 과정을 통해 우리의 성품을 아름답게 빚어주시는 하나님의 인도하심을 묵상하며 다음 문장을 완성하자.
   ↳ 30일간의 묵상을 통해, 내가 배운 것 중 가장 중요한 것은 _____ _____이다.
   ↳ 사탄의 미끼에 유혹을 받으면, 나는 _____ 할 것이다.
   ↳ 상처받은 사람들을 발견하면 나는 그들에게 _____ 할 것이다.

2. 자신의 성격적 특징과 장점이 무엇인지 적어보자. 그것이 어떠한 성품과 연관되어 있는지 그 단어를 적고 그 성품을 더욱 계발하기 위한 계획을 써보자.
   성격적 특징과 장점: _____
   성품을 더욱 계발할 수 있는 계획: _____

3. 진정한 사랑의 경험이 필요하다고 생각되는 주변 사람들 중, 지금부터 당신의 사랑을 보여줄 수 있는 사람의 이름과 그 방법을 적어보자.
   이름: _____   방법: _____
   이름: _____   방법: _____
   이름: _____   방법: _____

세상에는 진정한 사랑을 경험해본 적이 없는 사람이 너무도 많다. 그래서 그들은 감정이 메말랐고, 불평하고, 따지기 좋아하고, 비판적이고, 화를 잘 낸다. 우리가 하나님이 주신 성격적 특성과 성품을 더욱 계발한다면 주변에 있는 이러한 사람들을 더욱 잘 도울 수 있다. 당신을 오해하고 불편하게 대하는 사람이 있다면 그들에게 다가가 우리 안에 계신 하나님의 사랑을 나타내고 하나님과의 관계를 회복할 수 있도록 도와주자.

● 오늘 새롭게 깨달은 것은 무엇인가?

● 삶에 적용해보자.
   1.
   2.
   3.

새 계명을 너희에게 주노니 서로 사랑하라 내가 너희를 사랑한 것같이 너희도 서로 사랑하라 너희가 서로 사랑하면 이로써 모든 사람이 너희가 내 제자인 줄 알리라. ▪요한복음 14:34-35

포기를 통해 계시하시는 비밀

사랑하는 여러분! 고통 중에 인내하십시오. 예수님이 보여주신 가장 위대한 사랑은 갈보리 십자가 위에서 피어났습니다.

상황을 따라 자신을 예수님께 드리기도 하고 거두기도 하는 사람들을 본받지 마십시오. 그들은 하나님의 위로와 축복이 있으면 기쁨으로 자신을 드립니다. 그러나 정작 어려움이 닥치면 하나님의 위로가 아닌 사람들의 위로를 찾아 떠납니다.

당신에게 고통이 다가오는 것이 어렴풋하게 느껴지기 시작하면 마음이 불편해지고 두려워지기 시작할 것입니다. 그러면 주저 말고 하나님께 모든 것을 맡기십시오. 당신 자신과 당신의 처지를 하나님께 제물로 바치십시오.

고통당할 때 중요한 것 중 하나가 바로 고통에 대한 반응입니다. 예수 그리스도는 십자가의 고통을 외면하거나 회피하지 않으셨습니다. 그분은 스스로 무거운 십자가의 고통을 감내하기로 결정하셨습니다. 이러한 예수님의 태도가 바로 고통에 대한 우리의 반응이어야 합니다.

예수님 안에서 자신을 포기하고 그분의 길을 따르십시오. 진리를 말씀해주실 때까지 그분을 기다리십시오. 그분이 불어넣어주시는 생명을 받아 누리십시오. 하나님은 '포기'라는 방법을 통해 그분의 비밀을 계시해주십니다.

예수님께 당신을 맡기면, 그분은 당신에게 예수님의 흔적을 보여주실 것입니다. 그러면 그분을 따르지 않을 수 없을 것입니다. 그분과 함께 거하십시오. 당신의 마음을 내어드리십시오.

마음에 들든지 들지 않든지 예수님이 주시는 선물을 거부하지 마십시오. 잠시라도 당신이 해야 할 일을 늦추지 마십시오. 진실로 하나님을 사랑한다면 당신은 그분의 모든 것을 사랑하게 될 것입니다. 이것이 바로 온전한 성도의 모습이며, 쓴 것을 지나 단 것의 축복을 누릴 수 있는 아름다운 신앙의 자세입니다.

잔느 귀용, 《하나님을 경험하는 기도》

존 비비어의
관계를 위한 묵상

초판 1쇄 발행 2009년 9월 1일
개정판 1쇄 발행 2024년 5월 25일

지은이 존 비비어
옮긴이 우수명

펴낸이 김태희
펴낸곳 터치북스

출판등록 2017년 8월 21일(제 2020-000174호)
주소 경기도 고양시 덕양구 통일로 800, 2층(관산동)
전화 031-963-5664 팩스 031-962-5664
이메일 1262531@hanmail.net

ISBN 979-11-85098-64-7

책값은 표지에 있습니다.
잘못 만들어진 책은 구입한 곳에서 바꿔 드립니다.